Frank Rumpf
»ready for boarding«

PIPER

Zu diesem Buch

Als Reisejournalist hat Frank Rumpf unzählige Flüge hinter sich gebracht, von der First Class bis zur Holzklasse in klapprigen Regional-Airlines. Er hat an Gates festgesessen, sich auf Langstreckenflügen mit Antithromboseübungen die Zeit vertrieben und das Klatschen der Mitreisenden bei der Landung bestaunt. Er wundert sich über Sicherheitsschikanen, Ökobilanzen und vollgestopfte Handgepäckfächer. Aber er kennt auch die Vorzüge der Luftfahrt: die Schwimmwestenvorführungen der Stewardessen, die viel besser Englisch können als ihre Kollegen von der Bahn. Und dass es kostenlos Tomatensaft gibt – mit Pfeffer und Salz! Ein besonderes Geschenk für Gelegenheitsflieger wie Meilensammler. Geschichten zum Abheben!

Frank Rumpf, 1967 im Rheinland geboren, schrieb als Reiseautor für deutsche Tages- und Wochenzeitungen, zuletzt als Redakteur für die »Welt am Sonntag«, deren Reiseteil er bis Herbst 2007 verantwortete. Er ist in der Geschäftsführung einer Nachrichtenagentur tätig. Frank Rumpf lebt, wenn er nicht gerade fliegt, in Hamburg, in einer Dachwohnung mit Blick auf die Einflugschneise von Fuhlsbüttel.
Mehr über den Autor unter: www.frank-rumpf.de

Frank Rumpf

»ready for boarding«

Fliegen mit Tomatensaft und Turbulenzen

Piper München Zürich

Mehr über unsere Autoren und Bücher:
www.piper.de

Von Frank Rumpf liegen bei Piper vor:
»ready for boarding«
Ohne Sand kein Strand

Für Christa Rumpf

MIX
Papier aus verantwor-
tungsvollen Quellen
FSC® C083411
www.fsc.org

Ungekürzte Taschenbuchausgabe
1. Auflage Oktober 2010
2. Auflage Oktober 2011
© 2009 Piper Verlag GmbH, München,
erschienen im Verlagsprogramm Malik
Umschlaggestaltung: semper smile, München,
nach einem Entwurf von Birgit Kohlhaas, Egling
Umschlagfoto: Erik Dreyer / Stone / Getty Images
Satz: Satz für Satz. Barbara Reischmann, Leutkirch
Gesetzt aus der Whitman
Papier: Munken Print von Arctic Paper Munkedals AB, Schweden
Druck und Bindung: CPI – Clausen & Bosse, Leck
Printed in Germany   ISBN 978-3-492-26387-0

Inhalt

---

* 13. Kapitel entfällt aus Aberglauben – wie die Sitzreihe 13 im Flugzeug!

Preflight

Anstelle eines Vorworts

Sie interessieren sich also fürs Fliegen. Haben gerade eine Flugreise gebucht, wertkonservativ bei Lufthansa oder mit einer Billig-Airline ab Lübeck-Blankensee, wahlweise ab Allgäu Airport Memmingen. Sie sind vielleicht sogar Vielflieger, eine Geschäftsfrau, die jede Woche nach Hongkong düst, ein Manager, den das Bodenpersonal mit Vornamen begrüßt.

Dann guten Flug! Oder vielmehr: Viel Glück! Hoffentlich verfügen Sie außer über Ihr elektronisches E-Ticket und nur ein Stück Handgepäck auch über mönchische Gelassenheit. Sie werden sie brauchen. In der Schlange vor der Sicherheitsschleuse und später am Gate, wenn sich Ihr Flug nach Frankfurt wegen Verstopfung des Luftraums halbstündlich verschiebt.

Sie besitzen bestimmt auch eine exhibitionistische Ader. Weil Sie an der Sicherheitskontrolle Ihre Kosmetikartikel, die Kontaktlinsen und das Zahnbleichgel vor lauter fremden Menschen ausbreiten und dann noch Hosengürtel und Schuhe ausziehen.

Sie hängen nicht an den aufgegebenen Koffern, und auch Ihren Stolz haben Sie längst verloren, wenn Sie mit anderen Passagieren an Bord um den Platz in den überfüllten Gepäckfächern kämpfen.

Und Sie bewahren selbst dann die Fassung, wenn Sie sich schwitzend auf den Mittelsitz zwischen ein zankendes Ehepaar gezwängt haben und die korpulente Stewardess mit osteuropäischem Akzent raunzt: »Getrrränke vier Eurrro.«

Um all diese Turbulenzen der modernen Luftfahrt geht es in diesem Buch, und noch um einige mehr. Um Einkaufszentren mit Landebahnanschluss und Tennisschläger im Bordgepäck. Um Badewannen in Luxuslounges und Hungergefühle in der Economyclass. Um die sonore Kapitänsstimme und Fleckengefahr beim Tomatensaft. Zwischendurch wird es auch etwas blutig, wenn wir zum Thema kommen: Wie sicher ist Fliegen wirklich? Und ja, falls Sie sich das gerade fragen, auch um Sex geht es, ein bisschen jedenfalls (der Nacktscanner!).

Schnallen Sie sich an. Wir fliegen los.

1
Check-in

Warum wir fliegen und wie wir heute fliegen.
Eine Einstimmung

Linienflugzeuge sind was für Verlierer und Terroristen,
ich bin im Privatjet gekommen.

Homer Simpson, flugerfahrene Cartoonfigur

Nicht immer war Fliegen für die Mehrheit der Reisenden mehr Last als Lust. Für mich war es mit acht oder neun Jahren sogar ein Traum. Wie andere Jungen meines Alters konnte ich stundenlang am Flughafen den ankommenden und abfliegenden Flugzeugen zuschauen. Ich kannte ihre Flugnummern, die Zahl der Sitzplätze, die Größe der Besatzung. Ein Ausflug zum Flughafen war für meinen Vater und mich ein gelungener Sonntagnachmittag.

Andere Familien gingen im Wald spazieren, wir fuhren nach Köln/Bonn.

Sogar im Sommerurlaub, in einem kleinen Ort an der belgischen Nordseeküste, wohin wir zu meinem Missvergnügen dreimal hintereinander mit dem Wagen gelangten, nie mit dem Flugzeug, unternahm mein Vater mit mir zum Trost regelmäßig Abstecher zum Flughafen Oostende. Vom Hotel aus konnten wir sehen, wenn mein Lieblingsflugzeug sich näherte, die große Propellermaschine aus England, deren Spitze hochgeklappt werden konnte, um sie mit zwei oder drei kleinen Autos zu beladen. Das Meer vor der Tür war vergessen, Sandburgen spielten keine Rolle mehr, wir eilten zum Flughafen und standen stundenlang auf der Aussichtsterrasse. Als Imbiss Pfefferminzbonbons aus dem Automaten, so hart und trocken wie die Minibrezeln aus der Tüte, die mir in späteren Jahren an Bord gereicht werden sollten. Fliegen und gute Verpflegung war für mich von Anfang an keine naheliegende Verbindung.

Auch heute, da ich als Reisejournalist oft mit dem Flugzeug unterwegs bin, finde ich es immer noch faszinierend, wenn eine vierstrahlige Boeing 747 auf dreihundert Stundenkilometer beschleunigt und sich mit träger Beiläufigkeit in die Luft erhebt. Die Triebwerke brummen, die Wände vibrieren, aber sonst merkt man so gut wie nichts. Sitzt in seinem Sessel und wartet auf den Beginn des Bordprogramms.

Aber solche Momente sind rar geworden.

Hundert Jahre nach dem ersten Motorflug der Brüder Wright bleibt Fliegen zwar ein Wunder der Technik, elegant und ein sinnliches Vergnügen ist es dagegen kaum noch. Zumindest für die Masse der Passagiere mit Dritte-Klasse-Ticket, dem Economy-Prekariat. Wenn jemand sagte, früher war alles besser, pflegte meine Oma zu spotten: ja, vor allem die medizinische Versorgung. Auf die Luftfahrt trifft die nostalgische Klage jedoch tatsächlich zu. Einst war sie eine Welt für sich, mit eigenem Anspruch, eigenem Design, sogar mit einer eigenen Sprache. Vom zackigen *Airline-Speak*, das aus den militärischen Anfängen der Luftfahrt stammt, sind immerhin noch Spuren übrig, wenn es selbst bei deutschen Gesellschaften heißt »Boarding completed« und »Cabin crew, prepare for landing«. Das Tie-äitsch sitzt im »Thank you und auf Wiedersehen«, es kommt der Flugbegleiterin leicht und selbstverständlich über die Lippen, anders als bei ihren Kollegen auf Schienen, deren angestrengtes Bemühen um mehr Weltläufigkeit mitleiderregend ist.

Aber sonst? Kaum zu glauben, dass die Flugzeugtreppe einst ein roter Teppich für Filmstars und Rockbands war. Die Beatles und Gina Lollobrigida kamen per Linie aus London oder Rom und winkten von der Gangway huldvoll den Fotografen zu. Heute hält Fliegen niemand mehr für ein Zeichen von Extravaganz. Jeder Star, der es sich leisten kann, kommt im Privatflugzeug, parkt am Rand des Rollfelds und verschwindet, so schnell er kann, durch den Seitenausgang des Flughafens.

Aus der Zeit vor Pauschalreisen und Billigfliegern, aus den Fünfziger- und Sechzigerjahren, stammt der Name »Jetset«. Es war ein Begriff, der eine ganze Gesellschaftsschicht mit dem Flugzeug verband, erfunden von dem amerikanischen Society-Reporter Igor Cassini. Heute hier, morgen da. New York, Rio, Tokio. Der Jetset sonnte sich im Glanz der silbernen Düsenflugzeuge, er zog die Bewunderung und den Neid der Menschen auf sich, die in düsteren U-Bahnen und staubigen Vorortzügen hockten.

Der Jetset flog standesgemäß: Stoffvorhänge vor den Flugzeugfenstern, breite Sessel mit genügend Platz für die Knie, Silberbesteck statt Plastikmesser, gereicht von göttinnengleichen Stewardessen. Deren zitronengelbe Minikleider und helmartige Hüte waren von internationalen Couturiers wie für den Laufsteg entworfen. Stewardess gehörte in den Sechzigerjahren zu den drei beliebtesten Berufen unter jungen Frauen, gleich nach Schauspielerin und Model.

Fliegen besaß Glamour und Prestige. United Airlines verteilte anfangs Benimm-Broschüren für Flugnovizen. Die Antwort auf die Frage »Darf ich reden und rauchen?« versprach: »Konversation darf im üblichen Bostoner Ton geführt werden, Sie werden zahlreichen interessanten und angenehmen Mitreisenden begegnen.« Auch das Rauchen war erlaubt, außer bei Start und Landung.

Fliegen hatte Sex Appeal. Die Damen von LTU trugen Anfang der Siebzigerjahre als Dienstkleidung kniehohe weiße Stiefel und Röcke mit einem Schlitz bis zur Hüfte. Ihre Kolleginnen von Pacific Southwest servierten gekühlte Getränke in knappen Hot Pants (sie *trugen* Hot Pants und gossen nicht den Gin Tonic hinein). Das Personal von Braniff International aus dem texanischen Dallas kam im Pelzmantel an Bord und zog unterwegs ein Kleidungsstück nach dem anderen aus, bis kurz vor der Landung ein Hauch von Nichts übrig blieb. Man nannte es »Air Strip«, und der gar nicht so dumme Slogan lautete: »If the flight seems all too short, that's the whole idea« (falls Ihnen der Flug viel zu kurz vorkommt, ist das genau die Absicht).

Die überwiegende Zahl der Flugbesatzungen behielt ihre Uniformen freilich an. Und so hielten es auch die

Passagiere. Legere Kleidung an Bord war verpönt, in den ersten Jumbos von American Airlines gab es zur Erbauung noch eine Piano-Lounge mit Klavierspieler – in der Economyclass. Selbst amerikanische Gäste setzten sich nicht in Trainingshose und Trekkingsandalen in den Langstreckenflieger nach Paris, sondern in Anzug und Kleid. Und die Kegelschwestern vom SC Alle Neune auf Jahresausflug gaben sich nicht in schreiend bunten T-Shirts im Mallorca-Shuttle mit Rotwein aus dem Bordverkauf die Kante, sondern hockten brav im Nahverkehrszug nach Winterberg und aßen Schinkenbrote.

»Früher war es anders«, erinnert sich wehmütig Candice Bergen als gealterte Super-Stewardess Sally Weston in der Hollywood-Komödie »Flight Girls«. »Man hat sich noch fein gemacht fürs Fliegen. Es war, als würde man jeden Abend in die Oper gehen.« In die Oper!

Hätte man Passagieren und Personal damals erzählt, dass die Luftfahrt eines Tages den Charme von Busfahren haben würde, alle hätten herzlich gelacht.

Erinnern Sie sich noch an den Werbespot von Drei-Wetter-Taft? Er stammt aus den Achtzigerjahren des vergangenen Jahrhunderts, als der Qualitätsverlust der kommerziellen Luftfahrt eigentlich schon im Gange war, und handelte von einer eleganten Kosmopolitin mit Farrah-Fawcett-Fönfrisur auf dem Weg nach Rom. Er ging ungefähr so: »Hamburg, acht Uhr dreißig, wieder mal Regen – perfekter Halt. Zwischenstopp in München, ziemlich windig – die Frisur sitzt.«

Damals konnte man den Glamour-Faktor des Fliegens noch ausspielen (in der Neuauflage des Spots muss dafür Heidi Klum sorgen). Dennoch beweist der Werbefilm im Rückblick eine bemerkenswerte Voraussicht. Nicht nur wegen der von heutigen Pauschalreisen bekannten lästigen Zwischenstopps zum Nachladen von Passagieren auf dem kurzen Weg zum Mittelmeer, sondern auch wegen der Schwierigkeit, so anzukommen, wie man in den Flieger eingestiegen ist. Verspätungen, bis zum letzten Platz belegte und überhitzte Kabinen, rappelvolle Shuttle-Busse zum Terminalgebäude, langes Warten an den Kofferbändern – wessen Frisur danach noch sitzt, der steigt auch unversehrt zur Rushhour aus der Tokioter U-Bahn.

Die Demokratisierung des Fliegens in den vergangenen Jahrzehnten hat Flüge für fast jedermann erschwinglich gemacht und ein rasantes Wachstum ausgelöst. 2008 hoben 191 Millionen Passagiere von den inzwischen zwei Dutzend internationalen Flughäfen in Deutschland ab. In zehn Jahren werden es zwischen Rostock-Laage und München mehr als 300 Millionen sein, schätzt die Arbeitsgemeinschaft Deutscher Verkehrsflughäfen – trotz der Wirtschaftskrise. Vor allem die Billigflieger haben zugelegt. Waren 2002 erst vier Millionen Passagiere mit sogenannten Low Cost Carriern unterwegs, fliegen inzwischen mehr als dreizehnmal so viele zum »Taxipreis«: 54 Millionen. Studenten, die einst nach Hause zur Mutter trampten, steigen heute ins Flugzeug.

Dagegen ist grundsätzlich nichts einzuwenden. Warum sollte Fliegen denen vorbehalten sein, die vierhundert Euro für die Strecke Hamburg–München zahlen können?

Aber warum muss Fliegen dann gleich zum seelenlosen Massentransport verkommen und auf das Serviceniveau des öffentlichen Nahverkehrs abstürzen?

Die Gesellschaft Tuifly macht aus dem Prestigeverfall gar keinen Hehl: »Wir haben Haltestellen in ganz Europa« wirbt sie auf Berliner Bussen.

Auch kaum noch erstaunlich, dass South African Airways, Star-Alliance-Partner von Lufthansa, kürzlich auf einem Flug von Frankfurt nach Johannesburg folgende Durchsage für angebracht hielt: »Verehrte Passagiere, das Schlafen auf dem Boden ist nicht erlaubt.«

Selbst der viel gescholtenen Deutschen Bahn muss man zugestehen: In ihren ICEs sitzt man bequemer und in den Speisewagen isst man besser als bei den meisten Fluggesellschaften. Dass man im Zugrestaurant bezahlen muss: geschenkt. Viele Flugreisende wären vermutlich bereit, für anständige Bordverpflegung extra zur Kasse gebeten zu werden, zahlreiche Billigflieger und amerikanische Linien machen es längst vor.

Es liegt nicht nur am mangelnden Komfort während des Fliegens. Die Unannehmlichkeiten fangen schon vorher an. Im Vergleich zu den Preissystemen der Fluggesellschaften sind die Tarifstrukturen von Bussen und Bahnen ein Paradebeispiel an Klarheit und Übersichtlichkeit. Fluggesellschaften verlangen grundsätzlich Vorauskasse zum Zeitpunkt der Buchung, selbst wenn der Abflugtermin noch Monate in der Zukunft liegt. Treibstoff- und Flughafenabgaben, Steuern und Bearbeitungspauschalen, Reservierungs- und Check-in-Gebühren, Gepäck- und Kreditkartenaufschläge – die Airlines lassen sich immer neue Nebenkosten einfallen. Würde der Bäcker an der Ecke seine Brötchen für neun Cent bewerben und dann einen Mehlaufschlag, eine Backgebühr und eine Thekenpauschale einfordern, er wäre seine Kundschaft bald los. Doch die Fluggesellschaften kommen damit durch, obwohl Verbraucherschützer und Gerichte immer wieder klare Preise fordern.

In Amerika spitzen sich die Dinge oft in aller Deutlichkeit zu. Dort verlangen Fluglinien neuerdings sogar für Kissen und Decke einen Zuschlag und für die Sitze am Notausgang, weil diese ein paar Zentimeter mehr Beinfreiheit bieten. Doch auch die Europäer bleiben erfinderisch: Der Chef der irischen Ryanair sprach bereits davon (und dementierte das kurz darauf wenig glaubhaft als Scherz), Münzschlitze an die Türen der Bordtoilette montieren zu lassen. Wen dann während des Fluges die Blase drückt, sollte Kleingeld dabeihaben.

Fliegen macht heute nur noch Spaß, wenn Sie zu einem exklusiven Vielfliegerzirkel gehören oder aus einem anderen Grund Sonderbehandlung genießen. Die Kluft zwischen Economy- und Premiumklientel wird immer größer. Kein Wunder, denn schon jetzt verdienen Gesellschaften wie Lufthansa mit den zehn Prozent der Topkunden die Hälfte ihres Umsatzes auf der Langstrecke. Ist die Businessclass ausgebucht, ist der Flug wirtschaftlich.

Für Sie als Economypassagier bedeutet das, dass Sie nur noch Füllmaterial sind. Man will Sie – ähnlich wie der Arzt den durchschnittlichen Kassenpatienten – nicht an die Konkurrenz verlieren, aber Geld verdient man mit Ihnen auch nicht mehr wirklich. Wie auch – bei Ticketpreisen von 99 Euro, von denen 75 Euro für Steuern und Gebühren weggehen?

Sind Sie jedoch treuer Premiumkunde, haben dank vieler gesammelter Flugmeilen Senatorstatus bei der Lufthansa (den erreichen Sie, wenn Sie alle fünf Wochen Businessclass nach New York und zurück fliegen) oder gehören sogar zur absoluten Spitzenklasse, dem Kreis der paar Tausend HON-Circle-Kunden (von englisch »honour«, also Ehrenkunden, die alle zwei Wochen Business nach New York und zurück fliegen), dann geht es Ihnen glänzend, und der Luxus über den Wolken ist fast grenzenlos.

Und auch am Boden. Am Flughafeneingang werden Sie von gut aussehenden jungen Damen und Herren mit

freundlichem Lächeln empfangen, zur exklusiven Warte-
lounge geleitet und mit edlen Getränken und Häppchen
bei Laune gehalten. Um die Aufgabe der Koffer und die
Erstellung Ihrer Bordkarte müssen Sie sich nicht küm-
mern, das machen andere für Sie. Wirklich, das gibt es!

In der Lounge sitzen Sie in einem weichen Leder-
fauteuil, schicken auf Kosten der Fluggesellschaft einen
Strauß Blumen an Ihre Erbtante, nippen am Champagner, blättern in internationalen Zeitschriften und warten
gelassen, bis die anderen ihre Plätze eingenommen haben. Dann marschieren Sie als Letzter durch einen sepa-
raten Eingang zu Ihrem breiten Sitz mit eingebautem
Bett, vorn im Bug. Später, zur Nacht, nach Kaviar und
Jakobsmuscheln, reicht Ihnen eine mütterliche Stewardess Pyjama und Pantoffeln und schüttelt die Daunen-
decke auf.

Als gewöhnlicher Passagier hingegen sind Sie spätestens
zwei Stunden vor Abflug am Flughafen. Kämpfen mit der
Sturheit der Check-in-Automaten und heften den Ge-
päckaufkleber selbst an Ihren Koffer. Für die Fluggesell-
schaften sind Sie eine Kostensparmaßnahme auf zwei
Beinen, die möglichst wenig Aufwand bereitet und keine
Sonderwünsche äußert. Sie reihen sich geduldig in die
Schlange vor der Sicherheitsschleuse ein; nicht in die
»Fast Lane« für Business und First, sondern da, wo alle
stehen. Sie stillen Ihren Durst mit einem überteuerten

Wasser, das Sie in der sogenannten Fluggastzone gekauft haben. Sie hocken auf einem Plastikstuhl am Gang, bis Sie nach erneutem Schlangestehen mit Ihrem E-Ticket das Drehkreuz am Gate öffnen und das Flugzeug betreten.

Nur Fliegen müssen Sie noch nicht selbst.

Kommt vielleicht noch.

2
»Wo, bitte, geht's zu meinem Flug?«

Lost in Transit:
Warum aus unseren Flughäfen
Einkaufszentren wurden

Es kann kaum Zufall sein, dass keine Sprache dieser Erde jemals die Redensart hervorgebracht hat: »hübsch wie ein Flughafen«. Flughäfen sind hässlich. Einige sind sehr hässlich. Und manche erreichen ein Ausmaß an Hässlichkeit, das das Resultat einer besonderen Anstrengung sein muss.

Douglas Adams, britischer Autor,
der lieber trampte als flog

Die Passagiere haben das Wort: »Es ist laut, dunkel, schmutzig und voll. Ständiges Chaos, und nirgendwo findet man einen freien Platz zum Sitzen.« »Warum gibt es hier keine Klimaanlage? Es ist heiß und drückend.« »Das Personal ist extrem unhöflich ... wurde fast von einem Elektrowagen überfahren.« »Mehrere Hundert Menschen warteten in einem schlecht belüfteten, überfüllten Einsteigebereich, der gerade umgebaut wird.«

Wo sind wir? Am Flughafen irgendeines Schwellenlandes, das erste Formen von Infrastruktur entwickelt? Harare? Tripolis? Maracaibo?

Wir befinden uns in Frankfurt, Deutschlands zentralem Drehkreuz.

Das britische Beratungsunternehmen Skytrax lässt auf seiner Internetseite Fluggäste aus aller Welt Erfahrungsberichte schreiben. Sagen wir es mal so: Frankfurt kommt nicht gut weg.

Das soll Deutschlands größter Flughafen sein, an dem jährlich mehr als 54 Millionen Passagiere ein- und aussteigen? Die Hobbyrezensenten sehen alle Klischees erschüttert. Keine Ordnung, keine Effizienz, nicht mal Disziplin. »Quite un-German«, staunt Passagier Joe Baley. Das sei ja wie in Heathrow, stimmt D. Leston zu und meint das nicht als Kompliment. Der Londoner Großflughafen gilt als Schrecken aller Passagiere, erst mit dem neuen Terminal 5 (der – Sie erinnern sich – einen blamablen Fehlstart mit unzähligen verschollenen Gepäckstücken hinlegte) ist es etwas besser geworden. »Heathrow-Hassle«, der Heathrow-Ärger, ist in England ein feststehender Begriff.

Das Frankfurt-Fiasko: Den Airport »meiden – koste es, was es wolle«, rät A. Vandervell.

Mehr als 54 Millionen Fluggäste pro Jahr, das ist fast so viel, wie Italien Einwohner hat. Frankfurt ist weltweit die Nummer sieben, in Europa sind nur Paris und London größer, international auf dem ersten Platz liegt mit knapp 90 Millionen das amerikanische Atlanta.

In Anbetracht dieser Massen läuft Frankfurt immer noch ganz gut, könnte man sagen. Lob auch für die vorbildliche Anbindung an den Bahnverkehr. Das Bodenpersonal bemüht sich trotz der Umstände an den meisten Tagen um Professionalität und manchmal sogar um ein freundliches Gesicht; und die Firstclass-Wartesäle der Lufthansa, die sind wirklich exquisit, gehören zu den feinsten weltweit, ein Muster an Luxus und Komfort.

Aber der Rest, der ganze Rest ist ziemlich dürftig.

Während die Fluggesellschaften ihren besten Kunden immer schönere Lounges einrichten, wartet die Mehrheit mit Economyticket vor den Schaltern wie auf dem Flur des Einwohnermeldeamtes von Berlin-Friedrichshain. Ausreichend Sitzplätze? Fehlanzeige. Die Toiletten sind düstere, verliesartige Kammern, die nach künstlichem Pfirsicharoma riechen.

Wer im Fluggastbereich A auf seinen Anschlussflug wartet, den erfasst eine tiefe Melancholie. Die Decke hängt niedrig, an manchen Stellen klafft sie offen wie eine Wunde, man sieht Rohrsysteme, die Sprinkleranlage und herunterhängende Leitungen. Durch den langen, in reizlosem Grau gefliesten Gang kurven surrende Elektrowagen und schweigende Angestellte auf kleinen Fahrrädern. Draußen vor den schalldichten Fenstern zieht ein stiller, endloser Strom von Bussen, weißen Dienstwagen und Catering-Lastern vorbei. Eine Computerstimme sagt abgehackt und mit falscher Betonung Flugnummern auf. Zwei Stühle weiter ruft ein gelangweilter Reisender mit deutschem Akzent zusammenhanglose englische Sätze in sein Handy: »No, I have tooth pain. I cannot go to Switzerland.« Es herrscht eine fremde, fast surreale Stimmung.

Am ärgerlichsten an Frankfurt aber ist, dass man sich einfach nicht zurechtfindet. Sind Sie schon mal mit der Flughafenbahn von Terminal 2 nach Terminal 1 gefahren oder vom Abflugbereich B nach A gewandert und haben sich zwischendurch, beim Etagenwechsel über Rolltreppen und Aufzüge, nicht gewundert, ob sie noch auf dem richtigen Weg sind? Oder warum der Weg beim letzten Mal ganz anders verlief?

Die Ausschilderungen kommen den ständigen Um- und Ausbauten nie nach. Hilfreiches Flughafenpersonal, das den Weg weist, ist selbst zu Spitzenzeiten rar, wenn Hunderte von Reisenden aus aller Herren Länder durch die Gänge irren. Was es aber in regelmäßigen Abständen gibt, sind Brezelverkäufer. Und plötzlich wird klar, warum: Sie dienen als Proviantstationen wie bei einem Hindernislauf, dessen Ausgang, das Erreichen des Ziels, äußerst ungewiss ist.

Die Lufthansa ist dazu übergegangen, ihre Firstclass-Kunden im Mercedes S-Klasse oder Porsche Cayenne direkt von der Lounge zum Flugzeug zu fahren. Sicher ist sicher. Man will die zahlungskräftige Klientel nicht im Labyrinth des Flughafens verlieren. Würde Frankfurt Airport komplett evakuiert und anschließend mit Infrarotkameras abgesucht, ich hielte es nicht für ausgeschlossen, dass man in Nebengängen und Lastenaufzügen auf halb verhungerte Passagiere stieße, die seit Tagen ihren Anschlussflug suchen. Oder einen dieser Brezelverkäufer.

Frankfurt ist kein Einzelfall. Falls Sie häufiger fliegen, wissen Sie das längst. Wie viele Flughäfen, in denen Sie ein- oder umgestiegen sind, geduldig Verspätungen ausgesessen oder nervös das Eintreffen Ihrer Koffer erwartet haben, würden Sie als übersichtlich und angenehm, vielleicht sogar als schön bezeichnen?

Von zehn Flughäfen einen? Oder eher einen von zwanzig? Angelehnt an Douglas Adams: hässlich wie ein Airport – muss das sein? Sollten nicht gerade in Zeiten wie diesen, in denen Fliegen unkomfortabel ist wie nie, belastet durch immer schärfere Sicherheitskontrollen, Personaleinsparungen und ständig überfüllte Lufträume, wenigstens die Flughäfen etwas Erleichterung und Ruhe verschaffen?

Es gibt Ausnahmen. Mannheim beispielsweise ist ganz entzückend. Man sitzt in Korbsesseln in einer hellen Wartehalle oder trinkt eine Tasse Cappuccino an der Bar. Wenn das Bodenpersonal zwanzig Meter entfernt winkt und die Tür zum Vorfeld öffnet, spaziert man in null Komma nichts durch die Sicherheitsschleuse zur Turbo-Prop-Maschine nach Berlin.

Okay, Mannheim gilt nicht wirklich, das ist zu klein.

Aber auch der Flughafen von Bern ist nicht schlecht, Vancouver in Kanada oder London City Airport. Oder, wenn es größer sein soll: Zürich, Dulles International im amerikanischen Washington sowie das neue Terminal in Singapore-Changi.

Warum können nicht alle Flughäfen bequem und übersichtlich sein, vielleicht sogar erfreulich und inspirierend? So wie andere öffentliche Gebäude mit viel Publikumsverkehr: das Olympiastadion in Peking, die meisten der neuen Museen und Konzerthallen der letzten Jahre oder Grand Central Station in New York? Ist das zu viel verlangt?

Es kann nicht an der Größe liegen und nicht an den Vorgaben für Sicherheit und Funktionalität. Genauso absurd wäre es zu behaupten, aus Gründen der Sparsamkeit müssten Flughäfen hässlich und unbequem gebaut werden. Der in London lebende Schweizer Autor Alain de Botton beschreibt in seinem lesenswerten Buch über »Glück und Architektur«, welche Wirkung Gebäude auf uns haben: Gebäude »reden von Demokratie und Aristokratie, von Offenheit und Arroganz, von Bedrohung und freundlichem Willkommen, von Sympathie für die Zukunft oder Sehnsucht nach dem Vergangenen«.

Bedrohung oder freundliches Willkommen – wovon reden unsere Flughäfen?

Erstaunlich ist die Dürftigkeit und Uniformität zeitgenössischer Flughafenarchitektur auch deshalb, weil große Namen daran beteiligt waren. Mit internationalen Preisen überhäufte Architekten wie Norman Foster, Richard Rogers und Helmut Jahn haben sich an Neu- und Ausbauten rund um die Welt versucht. Trotzdem entstand fast überall dieselbe kubische Schlichtheit, dieselbe hangarartige Hallenarchitektur ohne Aura und Eleganz. Was ist da schiefgelaufen?

Viele Flughäfen, keinesfalls nur diejenigen der Billigflieger an der Peripherie, haben etwas Provisorisches. Sie wirken kaum wie solide Ankunfts- und Empfangsgebäude, die den Reisenden erden, sobald er nach einem wackeligen Flug aus der Kabine tritt, sondern wie eine flüchtige Übergangslösung. Als wären sie selbst nur auf der Durchreise, würden bald in aller Eile wieder abgerissen und an einem anderen Ort neu errichtet. Schrauben und Verankerungen der Glasscheiben liegen offen zutage, stählerne Verstrebungen sind sichtbar, an dünnen Seilen baumeln Schilder von einer Decke, die mit Kunststoffplatten hastig verkleidet wurde.

Oft weiß man nach dem Verlassen des Flugzeugs gar nicht mehr, wo man überhaupt gelandet ist. Peking, wie geplant? Oder doch Kuala Lumpur oder London oder München? Sieht irgendwie alles gleich aus.

Die Verwechselbarkeit hat noch einen anderen Grund: die unaufhaltsame Umwandlung von Flughäfen in Shoppingzentren. Es ist nicht verkehrt, Passagieren und Angestellten Einkaufsmöglichkeiten zu bieten, ich nutze gern die Gelegenheit, vor dem Abflug in Buchläden oder Parfümerien zu stöbern. Die Wartehallen mit internationalen Ladenketten aufzufüllen scheinen die Flughafenmanager inzwischen jedoch als einzig denkbares Angebot an Entspannung und Unterhaltung zu sehen. Wenn man sich morgens auf dem Hinflug die Wartezeit mit Einkaufen vertrieben hat, wird man es abends vor dem Rückflug wahrscheinlich nicht schon wieder tun wollen. Besonders da sich das Sortiment mit den üblichen Duty-free-Artikeln, Uhren, Krawatten und Koffern ständig wiederholt.

Für die Flughäfen ist das Geschäft mit den Geschäften jedoch unverzichtbar geworden. Annähernd die Hälfte ihrer Umsätze stammt inzwischen aus Einzelhandel, Vermietungen, Parken und Werbung, dem sogenannten Non-Aviation-Bereich. Dabei kassieren Flughäfen nicht nur Ladenmiete, sondern bekommen auch vom Umsatz einen Anteil. Die Zeitschrift »Aero International« berichtete im März 2009, dass am Flughafen München, der inzwischen hundertfünfzig Läden hat, den Flugzeugen bestimmte Gate-Positionen zugewiesen werden, damit die Aus- und Umsteigenden während des Transits auch garantiert an den »richtigen Geschäften« vorbeikommen. Chinesische Reisende interessierten sich für andere Waren als Russen oder Araber. Wenn Sie sich demnächst fragen, warum Ihre Nachmittagsmaschine aus Moskau ausgerechnet am vorletzten Gate zum Stehen kommt und Sie auf dem langen Weg bis zum Ausgang an drei Uhrenhändlern vorbeilaufen, könnte das der Grund sein.

Bahnhöfen ist Ähnliches widerfahren, gewiss. Auch da reiht sich inzwischen Laden an Laden (und seine Kreditkarte gänzlich zum Glühen bringen kann derjenige, der mit Zug *und* Flugzeug zum Ziel gelangen will: Shopping am Kölner Hauptbahnhof, Shopping am Flughafen Frankfurt, Shopping am Ankunftsort London-Heathrow). Für Bahnhöfe spricht immerhin, dass sie durch ihre zentrale Lage auch der Bedarfsdeckung der Stadtbewohner dienen. Kaum ein Münchner wird hingegen zum Einkaufen eine Dreiviertelstunde hinaus ins Erdinger Moos fahren.

Die Kommerzialisierung geht fast immer auf Kosten von Bequemlichkeit und Platz für den Reisenden. Läden statt Sitzbänke, Schaufenster statt Ruhezonen. Beispiel Hamburg-Fuhlsbüttel. Die Ende 2008 eröffnete Airport Plaza zwischen den Terminals 1 und 2 markiert nach den markigen Worten des Flughafengeschäftsführers »den Wandel von einem nüchternen Flug-Bahnhof hin zu einer schnellen, funktionalen und komfortablen Reise- und Erlebniswelt«. Klingt vielversprechend, die Pointe aber ist: Nichts anderes steckt dahinter als ein weiteres Einkaufszentrum. Als solches weder originell noch schön.

Kurze Wege und die bestmögliche Orientierung standen augenscheinlich nicht im Vordergrund der Umbaumaßnahmen. Unmittelbar nach den Sicherheitskontrollen, die aus den bisherigen Terminals entfernt und in der neuen Plaza zentralisiert wurden, landet man zwischen Zeitschriften, Reisetaschen und Stapeln von Pullovern. Den Weg zum Flugsteig muss man suchen, ausgerechnet die Schilder des Flughafen-Leitsystems sind in diskretem Grau gehalten und verschwinden hinter Markenlogos, bunten Werbeplakaten und Sonderangebotsschildern.

Ohnedies zeigt der Flughafen der alten Kaufmannsstadt eine bemerkenswerte Offenheit für Kommerz. Grundeigentlich ist Hamburg-Fuhlsbüttel eine einzige Reklamefläche, an den Wänden große beleuchtete Werbetafeln, in den Gängen Muster-Limousinen von Mietwagenanbietern und die Wegelagerer der Kreditkartenfirmen. Kaum irgendwo findet das Auge einen Ruhepunkt, an fast jeder freien Fläche buhlt ein ulkiger Reklamespruch um Aufmerksamkeit.

Wie lange dauert es noch, bis den optischen Werbebotschaften akustische folgen? Hier ein paar naheliegende Vorschläge: »Letzter Aufruf für Ihren Flug nach Dresden in Kooperation mit Radeberger Pilsner« oder »ZDF-Sicherheitshinweis: Mit dem zweiten Auge sieht man mehr«, und später an Bord dann Schwimmwesten, bedruckt mit dem Logo eines Fischhändlers und dem nur leicht abgewandelten Werbespruch: »Mit Nordsee in die Nordsee.«

Dem könnte sich anschließen, was Sportstadien und Konzertarenen längst vollzogen haben, die Umwidmung des gesamten Gebäudes zugunsten eines großzügigen Sponsors: Willkommen am Hansaplast-Airport Hamburg! Klingt doch gut, oder?

Früher waren Flughäfen keine Einkaufszentren mit Landebahnanschluss. Sie waren wie die großen Bahnhöfe des 19. Jahrhunderts besondere Orte, Eingangstore zur Stadt. Einer der wenigen verbliebenen Flughäfen dieses Stils ist Dulles International in Washington. Er entstand zu Beginn des Jetzeitalters 1958 nach den Entwürfen des Finnen Eero Saarinen, der auch das TWA-Terminal am New Yorker JFK-Airport baute und sich im Möbeldesign als Erfinder der berühmten Tulpenstühle einen Namen gemacht hat. Als utopische, zukunftsweisende Skulptur aus Beton und Glas hat Saarinen seinen Flughafen verstanden, mit einem Dach wie eine Sprungschanze, das, obwohl tonnenschwer, den erhebenden Effekt des Fliegens vorwegnehmen soll. Flughäfen waren für Saarinen wie der gelungene Vorspann zu einem Film. Ein würdiger Auftakt, der Hochgefühle erzeugt und den Versprechungen des Reisens architektonisch Ausdruck verleiht.

Ähnlich dachten die Designer des internationalen Flughafens von Los Angeles, allerdings blickten sie noch weiter in die Zukunft: Ihn prägt seit 1961 ein Anbau in Form einer fliegenden Untertasse.

Das neue japanische Drehkreuz Kansai International bei Osaka, gebaut von Renzo Piano, spielt ebenfalls mit dem Flugmotiv. Es wirkt von außen wie eine Tragfläche, von innen wie ein überdimensionales Abzugsrohr, das die Fluggäste zielgerichtet von den Gates zu den Ausgängen saugt. Riesige Mobiles drehen sich in Kansai in der Luft, so wie auch im neuen Terminal 5 in London-Heathrow mit großen Kunstobjekten versucht wurde, dem Transitreisenden noch etwas anderes auf dem Weg mitzugeben als nüchterne Umsteigeinformationen und blanken Kommerz.

Auch in Deutschland gibt es Beispiele für beeindruckende Airport-Architektur. Köln/Bonn etwa, den der Düsseldorfer Architekt Paul Schneider-Esleben als monumentales Gebirge aus Beton in die flache Wahner Heide setzte. Mit zwei sternförmigen Vorfeld-Satelliten ist der ehemalige Regierungsflughafen schon aus der Luft unverwechselbar.

Köln/Bonn war zur Eröffnung 1960 Europas erster Drive-in-Airport. Der Reisende sollte es so bequem wie möglich haben und mit dem Auto von der Autobahn direkt bis zum Check-in vorfahren können. Heute gibt es zum Glück auch Bahnanschluss. Das neue Terminal 2, entworfen vom Deutschamerikaner Helmut Jahn, wirkt eher nicht gelungen, es ist ein weiterer Vertreter eines flüchtigen Funktionalismus aus Glas und Stahl. Dagegen hat sich das alte Terminal architektonische Würde bewahrt (obwohl die Zufahrt mit Reklameschildern ebenfalls ziemlich verschandelt wurde). Seine Wände sind auf angenehme Weise massiv und in den Wartebereichen nicht zugepflastert mit Werbung. Die halb offenen Flugsteige lassen auch Economygäste ohne Lounge-Zugang geschützt und in Ruhe warten, man fühlt sich nicht wie auf einem zugigen Bahnsteig.

Sogar schrägen Humor erlaubt man sich im Rheinland. Der bizarre Signaltriller vor den Lautsprecherdurchsagen klingt wie ein Kuckuck mit Schluckauf. Und kürzlich begrüßte eine Stimme die auf ihr Gepäck wartenden Reisenden wie ein britischer Spion: »Willkommen in Bonn, Köln-Bonn«, hieß es da mit spielerischer Selbstironie, und wir fühlten uns für einen kurzen Moment wie Bond, James Bond.

3
»Haben Sie Flüssigkeiten dabei?«

Bombenstimmung an der Sicherheitsschleuse: Von Nacktscannern, durchsichtigen Kosmetiktütchen und strumpfsockigen Flugpassagieren, Terrorangst und Sicherheitsschikanen

Falls Sie bewaffnet sind, melden Sie sich bitte.
Sicherheitshinweis von Air India

Freitag Nachmittag im Terminal 1 des Frankfurter Flughafens. Wochenendverkehr. Mehr als hundert Reisende drängen sich vor der Sicherheitskontrolle im Bereich A, schieben sich langsam durch den mit Bändern abgesteckten Zickzack-Parcours nach vorn. Acht Schleusen sind geöffnet, die Metalldetektoren zwitschern, die grauen Plastikwannen mit »Bund«-Aufdruck klappern auf den Rollbändern.

Angestellte in schlecht sitzenden dunkelgrauen Anzügen und Schuhen mit abgetretenen Absätzen sind miteinander ins Gespräch vertieft oder starren Löcher in die Luft. Tritt der nächste Passagier heran, wenden sie sich ihm für einen kurzen Augenblick zu, die Gesichter fahl im Neonlicht, die Fragen ausdruckslos von zigfacher Wiederholung: »Haben Sie einen Laptop dabei? Flüssigkeiten?«

Ein beleibter Mann im blauen Zweireiher löst Alarm aus. Er muss seinen Hosengürtel öffnen und die Arme von sich strecken, ein junger Uniformierter tastet ihn mit Plastikhandschuhen ab, im Hosenbund, unter dem Hemdkragen, an den Waden, zwischen den Beinen. Der Mann lässt es schweigend über sich ergehen. An der Schleuse nebenan muss eine Frau ihre Schuhe zum Röntgen aufs Band legen. In den spitzen Absätzen könnten sich Sprengsätze verbergen. Auf der Stirn der Frau perlt

Schweiß. Ihr Flug geht in fünfzehn Minuten, sagt sie. Den Kontrolleur beeindruckt das nicht: »Müssen Sie das nächste Mal halt früher kommen.« Als sie fertig ist, läuft die Frau barfuß los, die Schuhe in der Hand.

Jeder Flugreisende ist heute ein Sicherheitsrisiko. Männer, Frauen, Oma, Opa, Kleinkind – alles potenzielle Terroristen.

Ein Flakon Parfüm im Handgepäck? Eine Flasche Rotwein aus dem Piemont, eine Tube Zahnpasta oder ein Glas Babybrei? Aus Sicht der Kontrolleure ist das so gefährlich wie eine geladene Pistole. Seit 2006 die Handgepäckregeln der EU verschärft wurden, dürfen Flüssigkeiten und Gels aller Art nur noch in kleinen Mengen im durchsichtigen Tütchen mit an Bord. Auch alles andere, was irgendwie nach Waffe aussieht oder eine Waffe sein könnte, ist verboten: Wanderstöcke, Golfschläger, sogar Schlittschuhe. Bei der Auslegung im Detail zeigen sich die Sicherheitsleute erfinderisch.

Erstaunliche Szenen spielen sich an den Schleusen ab, nicht nur in Frankfurt, sondern an allen europäischen Flughäfen. In München trank ein Russe die beanstandete Flasche Wodka lieber auf einen Schlag aus, als sie der bereitstehenden Tonne zu überlassen, anschließend erleichterte er sich an einem Lufthansa-Schalter. Da war es vorbei mit seinen Reiseplänen, zur Ausnüchterung blieb er am Boden und erhielt eine Rechnung über die Reinigungskosten.

Im französischen Wallfahrtsort Lourdes nahmen Flughafenbeamte einer Gruppe italienischer Pilger die Kanister mit heiligem Wasser aus der berühmten Quelle ab. In

Wien-Schwechat musste ein Reisender erfahren, dass die Schleusenwärter auch Tennisschläger im Bordgepäck als brisant betrachten. Man weiß nicht, ob sie befürchteten, der Fluggast würde mit den Darmsaiten der Stewardess eins überziehen, oder ob sie nur die einschlägige EU-Verordnung zu eng interpretiert hatten, in der vor knüppelartigen Baseballschlägern gewarnt wird. Was waren das noch für harmlose Zeiten, als eine Freundin auf dem Weg zum Chirurgenkongress nach Prag mit einem Handkoffer voll Operationsbesteck in den Flieger steigen durfte. Niemand nahm Anstoß an drei Dutzend höllisch scharfen Skalpellen.

Mit den Sicherheitsregeln am Flughafen ist es wie mit deutschen Steuergesetzen: Ständig werden sie erweitert und ergänzt, gestrichen wird jedoch so gut wie nichts – und verstanden auch kaum noch etwas.

Knapp zweihundert Seiten umfasst heute das Handbuch für Passagierkontrollen. Nachdem der britische »Schuhbomber« Richard Reid 2001 versucht hatte, Sprengstoff im Absatz zu zünden, wurden Schuhe zum Gefahrengut. Als im August 2006 Terroristen in England Flugzeuge mit Flüssigsprengstoff zum Absturz bringen wollten, rückten europaweit und in Amerika Flüssigkeiten auf den Index.

Die Passagiere sind mittlerweile so verwirrt, was als gefährlicher Gegenstand gilt und was nicht, dass eine

Oma am Flughafen von Los Angeles ihr Enkelkind in der Plastikwanne durch den Scanner schob. Der Beamte traute seinen Augen nicht, als er das zappelnde Kleinkind vor sich sah.

Laut der Arbeitsgemeinschaft Deutscher Verkehrsflughäfen wandern an deutschen Airports immer noch täglich bis zu sieben Tonnen Flüssigkeiten in den Müll, weil Touristen die Regeln nicht verinnerlicht haben oder sie als Nicht-EU-Bürger einfach nicht kennen. Die unfreiwilligen Gaben werden als Sonderabfall entsorgt. Eine Verschwendung im Wert von zwei Millionen Euro – pro Woche.

Vielleicht ist es übertrieben, die Luftfahrt als Opfer einer überbordenden Sicherheitshysterie zu sehen, aber die Diskrepanz zum Kontrollbedürfnis in Zügen oder U-Bahnen fällt doch auf.

»Es ist der Wahnsinn«, sagt ohne jede diplomatische Zurückhaltung ein Lufthansa-Mann. Den Fluggesellschaften seien die Hände gebunden, »wir können nur an die Behörden appellieren, nicht immer neue Vorschriften draufzusatteln, sondern das gesamte Sicherheitskonzept zu überdenken«. Der Aufwand stehe jedenfalls in keinem Verhältnis mehr zum Sicherheitsgewinn, meint auch der Flughafenverband.

Die meisten Passagiere sind trotzdem guten Willens. Doch wenn der Sinn der Prozedur gar nicht mehr zu erkennen ist, wird es schwierig. Im Parfümshop im Sicherheitsbereich des Düsseldorfer Flughafens rückt die Verkäuferin selbst dann nicht die Ware heraus, ohne sie in eine versiegelte Tüte zu stecken, wenn man ihr mit dem

Flugschein nachweist, dass man nur nach Berlin fliegt, kein Umsteigen, kein Anschlussflug. Vorschrift ist Vorschrift. Und warum werden Reisende, die aus Israel oder den USA kommen und dort so streng gefilzt wurden wie kaum irgendwo sonst auf der Welt, in London oder Frankfurt beim internen Transit noch ein zweites Mal geprüft? Kaum aus der Maschine raus, schon wieder Schlange stehen, wieder am Rollband alles ein- und auspacken. Das klingt nach Paragrafenreiterei. So wie man in der Risikoabwägung keinen Unterschied zu kennen scheint zwischen Lipgloss und Laptop. »Wir kontrollieren immer wieder stichprobenartig mitgebrachte Computer auf Sprengstoffe«, sagt ein Sicherheitsmann. »Aber was noch in dem Gerät steckt, ein als Akku getarntes Schlagwerkzeug oder ein scharfes Plastikteil, sehen wir auch nicht unbedingt.« Eigentlich ist jedem klar, dass die hochgeschraubten Sicherheitsmaßnahmen zwar alle Beteiligten, Passagiere wie Personal, viel Zeit und Nerven kosten, im entscheidenden Moment aber immer noch versagen können. »Es geht um Abschreckung, hundertprozentige Sicherheit lässt sich ohnehin nicht erreichen«, sagt der Lufthansa-Mann.

Auch in den USA reagieren Reisende zunehmend genervt. In Umfragen fürchten sie sich mehr davor, wegen der scharfen Kontrollen ihr Flugzeug zu verpassen, als dass es von Terroristen in die Luft gesprengt wird. Daraufhin hat die amerikanische Verkehrssicherheitsbehörde TSA eine Millionen Dollar teure Imagekampagne gestartet. Teil davon ist ein Aufklärungsvideo nach Art der »Duck and Cover«-Filme aus den Fünfzigerjahren, in denen Bert die Schildkröte über das richtige Verhalten bei einer Atombombenexplosion informierte: ducken und unter den Tisch kriechen. Ähnlich naiv ist nun »Stephanie, the Airport Screener«, eine real existierende Sicherheitsbeamtin aus Washington, die im Film aufmüpfigen Reisenden im milden Ton erklärt, dass »selbst gebastelte Bomben die Bedrohung Nummer eins« seien. »Und«, fügt sie verschwörerisch hinzu, »wir wissen, dass Terroristen diese Bomben in ihren Schuhen verstecken!«

Begleitend wurde eine Freundlichkeitsoffensive gestartet: »Augenkontakt halten und immer lächeln« wurde den US-Kontrolleuren aufgetragen, um zu verhindern, dass wütende Passagiere mit den ausgezogenen Schuhen nach ihnen werfen.

Erschrecken Sie sich also nicht, wenn Sie demnächst an einem amerikanischen Flughafen von einem Mitarbeiter gefragt werden: »Hi, wie geht's? Haben Sie vielleicht eine Bombe dabei?« Er meint es nur nett.

Eher ernst zu nehmen sind Überlegungen zur technischen Aufrüstung, um die Abläufe an den Flughäfen wieder zu beschleunigen. Die Identifikation von registrierten Vielreisenden anhand biometrischer Merkmale wie etwa

Augeniris und Fingerabdrücke wird bereits erprobt. In den USA arbeitet man an einem Screening-System, das über Bewegungsmuster potenzielle Terroristen aus der Menge fischt. An der Verkrampftheit des Ganges, so lautet die Theorie, könne man erkennen, ob jemand Böses im Schilde führt (oder vielleicht nur einen eingeklemmten Nerv vom vorangegangenen Zubringerflug in der Holzklasse hat?).

In Amerika und Europa werden zudem sogenannte Nacktscanner getestet, deren Prinzip der »Röntgenbrille« ähnelt, von der pubertierende Jungen seit Generationen träumen. Die Ganzkörperscanner zeigen in verblüffend klaren Schwarz-Weiß-Bildern, was Menschen unter ihrer Kleidung tragen. Ein Keramikmesser, eine Plastikpistole oder ein Phiole mit Flüssigkeit im Hosenbund kann damit in Sekunden erkannt werden. Bei Scannern in weiterentwickelter Form wird der Reisende auch sein Handgepäck nicht mehr auf das Band legen müssen, sondern kann damit direkt durch das Durchleuchtungsgerät spazieren.

Auf den Bildern erkennen die Kontrolleure allerdings nicht nur verbotene Gegenstände, sondern auch alle Körperkonturen und intime Details wie Prothesen. Eigentlich folgerichtig, nachdem wir schon Jacke, Gürtel und Schuhe ausziehen müssen, nun die völlige Entkleidung des Passagiers anzustreben.

Das Echo auf die Nacktscanner war gleichwohl verheerend. Der deutsche Bundesinnenminister sah seine Polizisten schon als »heimliche Spanner« denunziert.

Dennoch wird über kurz oder lang an solchen Scannern kein Weg vorbeiführen: Die Passagierzahlen wachsen, und auch der Widerstand gegen die zeitraubenden Leibesvisitationen und die strengen Flüssigkeitsregeln nimmt zu.

»Der erste Versuch der Einführung war ein klarer Fehlschlag«, sagt ein Insider der Luftfahrtbranche. Man gönne dem Ganzen jetzt ein wenig Ruhe, erfinde vielleicht einen neuen Namen. Spätestens in ein oder zwei Jahren aber werden »die Nacktscanner dann auch installiert«.

4
»Anschnallen, bitte!«

»Flugangst kenne ich auch«:
Geständnisse einer Stewardess über Fern-
und Heimweh, »unruly passengers«,
Duty-free-Verkauf und Zen-Übungen statt
Sicherheitshinweisen

Wir haben gelernt, immer zu lächeln.
Selbst wenn wir keine Bloody-Mary-Drinks mehr haben.

Stewardess Sally Weston im Film »Flight Girls«

Die ersten Stewardessen von United Airlines waren 1930 ausgebildete Krankenschwestern. Sie sollten die Passagiere nicht mit Getränken und Häppchen verwöhnen, sondern bei Übelkeit behandeln. Männliche Kabinenkräfte kamen in größerer Zahl erst später dazu und hießen anfangs »Cabin Boys«. Sie waren schmal und leicht gebaut, damit sie in die kleinen Maschinen passten.

In den Sechzigerjahren wurde Stewardess zum Traumberuf. Er versprach jungen Frauen eine elegante Uniform, Reisen in ferne Länder und womöglich eine gute Partie.

Das ist lange her, heute erledigen Flugbegleiter einen anstrengenden Dienstleistungsjob, der in Deutschland formal als unqualifizierte Tätigkeit gilt. Dennoch müssen sie mit einer Champagnerflasche genauso gut umgehen können wie mit Defibrillator und Notrutsche – und immer öfter auch mit gestressten Passagieren.

Kerstin T. aus der Nähe von Frankfurt ist seit zwanzig Jahren für eine große Fluggesellschaft unterwegs und Stewardess aus Leidenschaft. Weil sie offen über Flugangst und Flirtversuche, schwule Kollegen und Prominente in der Firstclass redet, will sie ihren Namen nicht veröffentlicht wissen. Ein Gesprächsprotokoll:

»Doch, auch wir Flugbegleiter haben Flugangst. Das kommt immer wieder vor, was denken denn Sie! Bei mir, seitdem ich Kinder habe. Da frage ich mich vor dem Einsteigen: Warum mache ich das überhaupt? Was, wenn mir etwas passiert? Wenn ich in unserem engen Crew-Ruheraum hinten im Flugzeug liege, habe ich manchmal diesen Albtraum. Ich träume, dass das Heck vom Flieger abbricht und ich angeschnallt auf meiner kleinen Pritsche durchs Universum sause.

Trotzdem ist der Beruf immer noch etwas Besonderes. Auch nach mehr als zwanzig Jahren. Natürlich hat sich viel verändert. Früher war Fliegen Reisen mit Stil, heute ist es ein Transportvorgang. So kann man es wohl auf den Punkt bringen.

Vorbei sind die Zeiten, als wir auf einer Strecke fast drei Wochen am Stück unterwegs waren. Drei Tage Dubai, drei Tage Kuala Lumpur und drei Tage Sydney. Dann das Ganze wieder zurück. Fast wie Urlaub. Heute bleiben wir nur noch so lange, wie es die Ruhezeitenregelung unbedingt vorschreibt. Der Umlauf nach Japan sieht zum Beispiel so aus: Montagmittag in Frankfurt weg, Dienstagmorgen in Tokio. Am nächsten Morgen um sieben werden wir im Crewhotel wieder abgeholt, und nachmittags sind wir zurück in Frankfurt. Anstrengend! Da gucken Sie quer aus den Augen. Nichts mit Sightseeing in Tokio und hoch die Tassen. Meistens legen wir uns direkt aufs Ohr. Das Hotel liegt ohnehin außerhalb, irgendwo zwischen Flughafen und Stadt. Da ist nicht viel zu sehen. Wer Lust hat, verabredet sich abends noch zum Essen, meistens geht nur die Hälfte mit.

Noch knackiger sind die Kurzstrecken: Frankfurt–Moskau, Moskau–Frankfurt, Frankfurt–Düsseldorf, Düsseldorf–Frankfurt, alles an einem Tag! Wenn Verspätung dazukommt, sind das lange Arbeitstage. Die meisten Passagiere glauben ja, dass nur sie darunter leiden. Aber die Crew kommt dann natürlich auch später nach Hause zur Familie.

Und was viele nicht wissen: Eine Flugstunde beginnt für uns erst, wenn die Maschine rollt. Wenn wir eine Stunde mit den Passagieren am Flughafen stehen und auf ein Abflugslot warten, dann bekommen wir für diese Zeit kein Geld.

Was? Ihnen gefällt meine Uniform nicht? Hätten Sie lieber wieder die Miniröcke wie in den Siebzigerjahren? So sehen Sie aus! Die waren vielleicht für die Passagiere schön, für die Crew nicht. Wenn Sie sich nach den Gepäckfächern streckten, rutschte alles nach oben. Einige der älteren Kolleginnen legen noch viel Wert aufs Aussehen und geben sich echt Mühe mit Uniform, Frisur und Make-up. So richtig als Repräsentantin der Fluggesellschaft. Die jüngeren tauschen sich eher darüber aus, welche Feuchtigkeitscreme sie nehmen. Die trockene Flugzeugluft ist wirklich ein Problem: Man steigt als Traube ein und als Rosine wieder aus.

Wenn mich ein Passagier fragt, wieso wir trotzdem immer frisch aussehen, dann sage ich, wir laufen halt herum und sitzen nicht auf einem engen Stuhl. Dafür haben wir aber dicke Füße! Ach, und der Flirt mit den Passagieren ist auch selten geworden. Zuzwinkern, das gibt es noch. Aber dass mal jemand fragt, was wir abends vorhaben, habe ich lange nicht erlebt. Ich werde ja auch älter. Wenn ich die Copiloten sehe, die könnten meine Söhne sein! Ist im Transit mal Zeit, dann huschen die gleich nach hinten zur zwanzigjährigen Kollegin.

Auch Prominente sind nicht mehr so oft dabei. Die fliegen heute doch alle privat. Hape Kerkeling hatte ich mal auf der Kurzstrecke, Economy! Früher Steffi Graf, Ute Lemper. Zuletzt Jürgen Klinsmann auf dem Weg nach Los Angeles, Firstclass.

Wie ich die Passagiere so finde? Am liebsten mag ich diejenigen, die oft fliegen. Die wissen, wie es läuft. Allgemein kann man sagen, dass die Leute aggressiver geworden sind. Es geht gar nicht um *unruly passengers*, die so richtig austicken und nach der Landung von der Polizei abgeholt werden müssen. Obwohl auch das zugenommen hat. Nein, die Leute sind einfach genervt. Ans Rauchverbot haben sie sich mittlerweile gewöhnt; ich hatte vor vier Jahren das letzte Mal einen, der auf der Toilette rauchen wollte. Aber was einem zu schaffen macht, ist der Stress, der häufig schon am Boden beginnt, wegen der Sicherheitskontrollen oder weil der Anschlussflug mit fünfundvierzig Minuten Umsteigezeit verkauft wurde und das mal wieder zu knapp war.

Auch kommt hinzu, dass die Leute immer größer und dicker werden und nicht mehr in unsere Sitze passen. Die fühlen sich dann nicht wohl. Und die Firmen sparen: Der Geschäftsmann, der früher Business fliegen durfte, sitzt jetzt in der Eco – und ist natürlich sauer.

Ich hatte mal einen Passagier, der hat mir das Leben zur Hölle gemacht. So was von angefressen und unzufrieden! Irgendwann habe ich ihm meine Visitenkarte gegeben und gesagt: »Ich kann hier nichts mehr für Sie tun.« Vierzehn Tage später trudelte ein Brief bei meinem Arbeitgeber ein. Es tue ihm wirklich leid, hat der Mann geschrieben. Er habe sich danebenbenommen. Da war ich doch überrascht.

Selbst Erste-Klasse-Passagiere sind anders als früher. Als ich anfing, waren es zumeist ältere Herren, die sich ihre Firmen selbst aufgebaut hatten und den Luxus genossen. Heute sind es junge Manager zwischen dreißig und fünfzig, die interessieren sich kaum für den Service oder das Essen, die holen ihren Laptop heraus und arbeiten. Na ja, jeder, wie er will.

Was sich positiv entwickelt hat, sind die jungen Kollegen, die sind wirklich motiviert und gut. Wir haben Medizinstudenten und Rechtsanwälte dabei, sogar promovierte Theologen. Wahrscheinlich gibt es kaum einen zweiten Beruf mit Menschen so unterschiedlicher Herkunft. Dabei haben sich die Arbeitszeiten und das Gehalt ziemlich verändert, und mit Duty free kann man sich auch nicht mehr so leicht was dazuverdienen. Wir bekommen ja einen Anteil am Verkauf, so um die zehn Prozent. Aber weil die Flughäfen heute selbst so viele Geschäfte haben, kaufen die Leute kaum noch an Bord ein.

Warum Flugbegleiter häufig schwul sind? Ich weiß gar nicht, ob das noch stimmt. Früher ja, wahrscheinlich achtzig Prozent. Heute maximal die Hälfte. Vielleicht weil sich Homosexuelle früher auf Reisen eher ausleben konnten, sie nicht mehr in ihrem Städtchen unter Beobachtung waren. Ich bin froh, wenn ein Mann im Team ist, egal ob schwul oder nicht. Dann ist die Stimmung einfach besser. Schwierig wird es aber, wenn mehrere Schwule zusammenkommen. Zickenkrieg! Genau wie unter uns Frauen. Na ja, schreiben Sie das mal besser nicht ...

Ob die Sicherheitsvorführungen Spaß machen? Na, Sie sind lustig. Ich muss zum Glück nur noch die Ansagen machen. Anfangs hat es mich echt Überwindung gekostet, mich in den Gang zu stellen und den Sitz der Schwimmwesten vorzuführen. Aber das legt sich. Guckt ja eh keiner zu! Manche Kollegen machen einen Witz, doch selten schaut jemand hoch. Alle Köpfe hinter den Zeitungen. Es ist auch noch nie eine Zwischenfrage gekommen: Könnten Sie das noch mal wiederholen? Wo genau ist der Notausgang? – Ha, das wäre mal was.

Wenn ich mir was wünschen könnte? Es wäre schön, wenn die Leute wieder etwas entspannter wären. Die Dinge einfach so nehmen, wie sie sind, ohne sich drei Stunden aufzuregen. Das braucht doch im Grunde jeder heute, egal ob im Flieger oder auf dem Boden. Vielleicht sollten wir vor den Sicherheitshinweisen Zen-Übungen mit den Passagieren machen: »Liebe Fluggäste, vor dem Abflug nun ein kleines Om für alle!« «

5
»Chicken, no Beef«

Wie Sie Economy-Essen überleben,
was die vorderen Reihen aufgetischt bekommen
und warum Sie sich nicht mit billigem Sahnelikör
in der Businessclass abspeisen lassen sollten

Flugzeuge und Flughäfen bieten meine bevorzugte Art
der Esskultur.

Andy Warhol, Pop-Art-Künstler, der auch
Dosensuppen mochte

Am Fließband sitzt eine mütterliche Frau und lächelt. Weißer Stoffkittel, olivfarbene Haut, dunkle Locken, gebändigt von einer Zellstoffhaube. Sie hat ein großes Messer in der Hand. Zwischen den Beinen einen Eimer Butter. Mit dem Messer schmiert sie die Butter auf eine Scheibe Körnerbrot. Und auf noch eine. Und auf die nächste. Und da kommt schon wieder eine.

Einen Meter weiter legt ein Mann, ebenfalls von Kopf bis Fuß in Weiß gekleidet, Käse auf die Stulle. Ein dritter hat eine Schüssel mit Tomatenscheiben vor sich. Ein vierter dekoriert mit gezupften Petersilienblättern. Ein fünfter klappt eine Brotscheibe als Deckel drauf. Das Sandwich verschwindet in einer Maschine, die es in Klarsichtfolie wickelt. Zackzack. Fertig zum Abflug.

Vierundzwanzigtausend belegte Brote entstehen auf diese Weise täglich in der Großküche der LSG SkyChefs im Gewerbegebiet Gateway Gardens am Frankfurter Flughafen. Alles in Handarbeit, bis auf das Verpacken.

Einen weiß gekachelten Raum weiter schnippeln zwei junge Männer an großen Schneidebrettern bunte Paprika in Scheiben und waschen Salatköpfe. Gegenüber in der Konditorei wird ein Dutzend flacher Käsekuchen auf rechteckigen Blechen in gleich große Stücke zerteilt. Es duftet nach Teig und Vanille. Ein Mitarbeiter hebt die Stücke auf weiße Dessertschalen aus dem Bordgeschirr, der nächste fügt drei Himbeeren hinzu, keine mehr und keine weniger, damit es im Flugzeug keinen Streit unter Sitznachbarn gibt. Der dritte drückt Sahnehäubchen aus einer Spritztüte, immer eines wie das andere. Der vierte ist fürs zartgrüne Minzblatt zuständig.

Wenn wir im Flugzeug unseren Tisch herunterklappen und die Stewardess das Essen bringt, haben wir alle möglichen Vorstellungen, wie dieses Essen entstanden ist. Vor unserem geistigen Auge sehen wir womöglich einen ratternden und schnaufenden Maschinenpark, aus dem künstlich erzeugte Industriespeisen auf den Teller plumpsen wie in der Gastro-Komödie »Brust oder Keule« mit Louis de Funès. Vielleicht denken wir an ein Netz von Zuliefererbetrieben nach dem Vorbild der Autoindustrie, die von der Salatsoße über Kartoffelschnitze bis zum Hacksteak alles fertig anliefern, was in der Großküche am Flughafen nur noch zu fertigen Mahlzeiten montiert werden muss.

Was wir uns vermutlich nicht vorstellen, ist eine lächelnde Frau mit einem großen Buttermesser.

Die seit 1966 bestehende Lufthansa-Tochter LSG Sky-Chefs ist der größte Airline-Caterer der Welt. Sie beliefert rund dreihundert Fluggesellschaften. Jahresumsatz 2,3 Milliarden Euro, mehr als der Staatshaushalt manchen Landes.

Gigantisch sind auch die Zahlen des nagelneuen Vorzeigebetriebs am Frankfurter Flughafen, einer von zweihundert des Unternehmens, der erst im Juli 2008 eröffnet wurde. 28 000 Quadratmeter groß, so viel wie sechzig Fußballplätze. Zweitausendvierhundert Mitarbeiter, darunter einundsiebzig Köche, achtzehn Konditoren, siebzehn Bäcker. Alle zusammen produzieren 77 000 Mahlzeiten am Tag für 53 000 Passagiere oder mehr als hundertfünfzig Jumbo-Ladungen.

Die Zahlen vernebeln die Tatsache, dass in dieser Megaküche wirklich gekocht wird. So wie in anderen Kantinenküchen auch. Hier stehen Backöfen, hier stehen Herde, hier stehen Fritteusen und große Bottiche mit frischem Dill, Petersilie und Schnittlauch.

Warum aber ist das Resultat dann oft so enttäuschend?

Im Internet kursieren Seiten, die Bilder von Bordmenüs sammeln wie andere Leute Strandfotos. Allein in der Online-Galerie Flickr.com haben sich mehrere Hundert Hobbyfotografen an dem Thema abgearbeitet. Die umfassendste, wenn auch nicht mehr aktuellste Übersicht ist auf airlinemeals.net zu sehen. Manche Fotos sind erschreckend, so grau und unverdaulich sehen die kredenzten Speisen aus. Bei anderen kommt der Verdacht auf, dass die Köche alte Kochbücher aus DDR-Zeiten gefunden und gründlich studiert haben müssen: Foto um Foto Sättigungsbeilagen. Reis und Nudeln, Paniertes und Frittiertes, Sahnesoßen und Mayonnaise. Als Beilage Kartoffelchips und Kekse. Kurzum: alles, was fettig, salzig oder zuckrig ist – und billig.

Wir können auch anders, heißt es bei LSG SkyChefs, an uns liegt es nicht. Woran aber liegt es dann?

An manchen Anforderungen der Luftfahrt kommen die Cateringbetriebe nicht vorbei. Dass die Brötchen, die in der Frankfurter Großküche noch warm und kross aus dem Ofen geholt werden (fünfunddreißig verschiedene Sorten, vom Körnerwecken bis zur Laugenstange), in der Luft oft so pappig und trocken schmecken, liegt zum Beispiel an der vorgeschriebenen geschlossenen Kühlkette. Hygieneregeln, so streng wie in einem Krankenhaus: Jeder einzelne Bestandteil eines Bordtrolleys muss bis zum Verladen ins Flugzeug auf fünf Grad heruntergekühlt werden, von der Zitrone bis zum Brötchen, und falls sie im Trolley transportiert werden, selbst die Zeitungen und Magazine.

Nur geringen Spielraum lassen auch die Rezeptvorgaben. Die bestellte Verpflegung soll allen Passagieren passen, egal, aus welchem Land sie stammen oder welcher Religion sie angehören. Schweinefleisch ist deshalb schwierig, das würde bei Moslems nicht gut ankommen. Exotische Zutaten, kulinarische Experimente, scharf gewürzte Soßen gar, sind im Economy-Catering kaum durchsetzbar. Im Flugzeug kommt der gemeinsame Nenner von zweihundert grundverschiedenen Menschen aus allen Ecken der Erde auf den Tisch. Und was ist der gemeinsame Nenner? Hühnchen.

Der wichtigste Grund für die enttäuschende Qualität ist allerdings, dass das Catering derjenige Posten ist, an dem die krisengebeutelten Fluggesellschaften am ehesten sparen können. Bei Fluggerät, Wartung und Sicherheit lässt sich seriös nicht kürzen. Auch die Tanks müssen mit ausreichend Kerosin befüllt und die Flughafengebühren bezahlt werden. Zwei Piloten und Kabinenpersonal sind vorerst unverzichtbar. Für den Rotstift bleibt deshalb übrig: das Essen.

Vielleicht ist es den Passagieren ohnehin egal. Vielleicht sind Economykunden inzwischen so abgestumpft, dass sie nicht mehr hinterfragen, was ihnen vorgesetzt wird. Hauptsache, das Flugticket war günstig.

Das behaupten jedenfalls die Fluggesellschaften.

Bietet der Konkurrent dieselbe Strecke um dreißig Euro billiger an, sagt der Sprecher einer arabischen Spitzen-Airline, so werde bei ihm gebucht, egal, wie es um den Service steht.

Auch bei Lufthansa heißt es: Siebzig Prozent der Kaufentscheidung sind Netz und Frequenz, dann kommt der Preis, dann die Sicherheit, dann erst der Sitzkomfort und die Bordverpflegung.

Wenn dem so ist, sollte man dann in der Touristenklasse nicht ganz auf Gratisverpflegung verzichten?

Oder sich auf Käsestückchen und eingelegte Oliven beschränken?

Jedenfalls statt zäher Baguettes im Pappkarton lieber Qualitätsvolles im Bordverkauf bieten? Viele Billigfluglinien machen es vor, Essen und Trinken gibt es bei ihnen nur noch gegen Geld.

Condor und Air Berlin halten es auf längeren Strecken so: Gratisbrötchen oder kleine Menüs werden verteilt (und beim Ausstieg dann noch eine Süßigkeit – etwa die roten Schokoladenherzen, die angeblich schon eine eigene Fangemeinde haben). Wer höhere Ansprüche stellt, kann vor dem Abflug im Internet dazubuchen. Die Speisekarte reicht bei Condor von einer kalten Platte mit Schinken, Thunfisch, gegrillten Zucchini und Tortellini-Salat für sieben Euro bis zu Caesar Salad und Salbei-Garnelen auf schwarzen Tagliatelle für zehn Euro. Bei Air Berlin von Currywurst mit Brötchen für 6,50 Euro bis Entenbrust in Orangensoße mit Bratapfel, Knödel und Rotkohl für 9,90 Euro. Bisschen deftig, aber ansonsten nicht schlecht, oder? Wird gerne genommen, heißt es bei den Gesellschaften.

Auf meinem letzten Lufthansa-Flug nach New York gab es das Standard-Hühnchen mit Steinpilzsoße und Spätzle. Vorweg einen Nudelsalat mit Mayonnaise (Sättigungsbeilage!), hintenweg einen Schokomuffin mit kalter Beerensoße (Sättigungsbeilage Teil 2!). Kuriose Kombination und nicht wirklich eine Gaumenfreude. Den Rückflug trat ich mit British Airways nach London-Heathrow an, es wurden Truthahnscheiben in Cremesoße gereicht, da gerade Thanksgiving war. Überzeugend auch das nicht.

Dennoch halten die großen Fluggesellschaften an ihrem Gratisessen fest. »Kostenlose Verpflegung gehört zu unserem Anspruch als Qualitätsanbieter«, sagt ein Lufthansa-Sprecher mit Nachdruck.

Das klingt kundenfreundlich. Doch gründet die Aussage nicht auf purer Großzügigkeit. Denn die Lage ist so: Für jeden Economygast wird genau eine Mahlzeit mitgenommen, manchmal nicht einmal das, dann werden bewusst Unterversorgung riskiert und für zweihundertfünfzig Passagiere nur zweihundertdreißig Essen verladen. Die Gesellschaften gehen davon aus, dass ein paar Kunden schlafen oder keinen Appetit haben werden. Geht's schief, wird improvisiert, und die Stewardessen schauen nach, was in der Businessclass übrig geblieben ist.

Überschuss wird unter allen Umständen vermieden. Nicht wegen »fehlenden Stauraums«, wie eine Ferienfluggesellschaft die kalkulierte Unterversorgung mit nahezu rührender Einfalt gegenüber ihren Passagieren zu rechtfertigen versuchte. Sondern weil jedes Gramm Gewicht an Bord teuren Treibstoff kostet.

Stehen auf Langstreckenflügen zwei warme Speisen zur Auswahl, packt man nach Erfahrungswerten ein, beispielsweise sechzig Prozent Hühnchen, vierzig Prozent der anderen Mahlzeit. Die berühmte Frage »Chicken or Beef?«, Hühnchen oder Rindfleisch, lautet heute meist »Chicken or Pasta« oder »Chicken or Fish«. Das teure Rindfleisch ist längst von der Karte gestrichen. Mit dem Nudelgericht kann man außerdem Vegetarier satt bekommen, die es versäumt haben, ein Sondermenü vorzubestellen. Pech nur, wenn die Pasta schon aus ist, sobald der Fleischverächter an die Reihe kommt. Was immer wieder passiert, wie eine Stewardess berichtete. Sie reicht dann Nüsschen und verweist aufs Kleingedruckte, das in jeder Menükarte steht: »Sollte Ihre Wahl nicht erhältlich sein, bitten wir um Ihr Verständnis.« Guten Appetit.

Das letzte Rinderfilet, das ich in der Economyclass gesehen habe, gab es ausgerechnet auf einem Flug mit einer britischen Airline Mitte der Neunzigerjahre. In England grassierte gerade der Rinderwahn. Auf die Nachfrage, ob das Fleisch aus britischer Aufzucht stamme, grinste die Stewardess diabolisch und meinte: »Keine Ahnung, versuchen Sie Ihr Glück!« Seitdem nehme ich immer das Huhn. Ich hänge an meinem Leben.

Was würde nun geschehen, wenn die Fluggesellschaften auf das Gratisessen verzichteten und stattdessen eine Speisekarte mit hochwertigen Menüs gegen Kostenbeteiligung anböten? Dann wäre es für sie deutlich schwieriger zu kalkulieren, wie viele Portionen von welchem Gericht verladen werden müssten. Überschuss, der teuer durch die Gegend geflogen wird, wäre unvermeidlich. Außerdem käme die Crew in einem vollbesetzten Urlauberjet zeitlich in die Klemme, müsste sie neben dem Servieren noch kassieren, Wechselgeld herausgeben und Kreditkarten einlesen. Das Personal müsste aufgestockt, auf den Duty-free-Verkauf vielleicht verzichtet werden. Auch das verursacht Kosten beziehungsweise Mindereinnahmen. Um einen Eindruck von der Personalverteilung auf der Langstrecke zu geben: Für sechzehn Firstclass-Plätze in einem Jumbojet sind in der Regel drei Flugbegleiter zuständig, für die sechsundsechzig Businessgäste fünf bis sechs. Fünf bis sechs Flugbegleiter sind es auch in der Economy, nur sitzen da zweihundertsiebzig Kunden und warten auf Essen und Trinken.

Die einzige Lösung für eine Qualitätssteigerung beim Essen ist deshalb wohl, es wie Air Berlin und Condor zu machen: Bestellung im Internet gegen Vorkasse.

Nun herrschen nicht überall an Bord Hunger und Ernüchterung. Der vordere Teil der Kabine, hinter den blickdichten Vorhängen, hat sich in den letzten Jahren zu einem wahren Schlaraffenland entwickelt. Hier haben die Fluggesellschaften viel investiert. Nicht nur Geld, sondern auch Ideen, die beweisen, dass einiges möglich ist beim Airline-Catering, sofern man nur will. Gerichte von internationalen Spitzenköchen werden geboten, regionale und saisonale Spezialitäten, gesundheitsbewusste Rezepte, sogar Essigverkostungen soll es schon gegeben haben. Auch zeigen sich die Gesellschaften in den Premiumabteilen höchst flexibel: Die Passagiere können sich aussuchen, ob sie das volle Menü bekommen wollen oder nur eine Auswahl, zu welchem Zeitpunkt die Stewardess mit dem Büffetwagen anrücken soll und ob auf das Frühstück am nächsten Morgen ganz verzichtet wird, damit der Fluggast eine halbe Stunde länger in seinem Klappbett schlafen kann.

Lufthansa hat für ihr Bordmenü zum Beispiel Karlheinz Hauser verpflichtet. In der Businessclass ließ der Sternekoch vom Hotel Süllberg in Hamburg Zweierlei von Räucherlachs, Zwiebelrostbraten und Windbeutel mit marinierten Erdbeeren servieren. Josef Budde, der deutsche Küchenchef des Grand Hyatt in Tokio, bot Timbale von gegrillter Jakobsmuschel auf Lachstatar und grünem Spargel auf, des Weiteren argentinisches Rinderfilet, glasiert mit Portwein, und Orangencreme-Schokoladenkuchen mit Vanillesoße.

Da läuft Ihnen schon das Wasser im Mund zusammen? Jetzt kommt erst die Firstclass! Kaviar mit Beilagen, Rinderfilet Wellington mit Trüffelsoße, Schokoladendom mit Cassiskirschen und Fruchtcoulis (von Chris Staines aus dem Londoner Mandarin Oriental Hyde Park, der sonst die Queen bekocht). Oder Waldpilz-Quiche und Kräutersalat, Trilogie vom gegrillten Seebarsch, Garnele und Lachs an Champagnersoße, Williamsbirne und Cashew-Tarte mit Bourbon-Vanillesoße und Krokant (Thomas Bähner vom Grand Hyatt São Paulo).

Die Sterneköche geben nicht nur ihren Namen her, sie nehmen tatsächlich Anteil an der Entstehung der Menüs, auch wenn sie nicht mit an Bord gehen und höchstpersönlich letzte Hand an ihre Kreationen legen. Die Prozedur ist nicht ohne Aufwand, da man als Restaurantchef selten mit den Erfordernissen der Luftfahrt vertraut ist. Also fährt ein Team des Cateringbetriebs zum ausgewählten Spitzenkoch, spricht mit ihm (oder ihr) die Möglichkeiten durch und kocht zur Probe, nötigenfalls mehrfach, bis beide Seiten zufrieden sind.

Ein Essen flugtauglich zu machen bedeutet nicht nur, dass es von Laienköchen, nämlich den Flugbegleitern, im Heißluftherd in der Bordküche erhitzt werden kann, ohne dass es in sich zusammenfällt. Suppen und Soßen dürfen nicht zu flüssig sein, um nach dem Start nicht von den Trolleywänden zu tropfen. Speisen müssen stärker gewürzt sein, da das Geschmacksempfinden in zehn Kilometer Reisehöhe um geschätzte dreißig Prozent nachlässt. Und sie müssen stapelbar sein. Auch für die Erste-Klasse-Küche gilt: Passt die dreistöckige Schokoladentorte nicht in die Schubfächer des Trolleys, bleibt sie am Boden.

Thai Airways hat in einer Fluggaststudie festgestellt, dass mit der Steigerung des Sitzkomforts in den oberen Klassen auch der Appetit der Gäste gewachsen ist. Anders gesagt: Je bequemer es die Passagiere haben, desto mehr Wert legen sie auf Essen und Trinken. Dem wollen die Gesellschaften gern nachkommen, da ihre liebste Kundschaft Tickets zum Preis von mehreren Tausend Euro gelöst hat.

Am besten gelingt das gegenwärtig offenbar Singapore Airlines. Die Traditionsgesellschaft aus dem asiatischen Stadtstaat belegt in den jüngsten Passagierumfragen des unabhängigen Beratungsunternehmers Skytrax den ersten Platz im Firstclass-Catering. Auf Flügen ab Frankfurt tischt sie unter anderem Satay-Spieße in Erdnusssoße und anschließend Lammlende mit Artischocken-Tomaten-Kruste auf oder auch Hummer »Thermidor« mit Butterspargel und Safranreis. Auf den Plätzen zwei und drei folgen die südkoreanische Asiana Airlines und Cathay Pacific aus Hongkong.

In der Businessclass gewann mit Etihad Airways eine junge Fluglinie aus den Vereinigten Arabischen Emiraten, gefolgt von Qatar Airways aus Katar und der österreichischen Austrian. In der Economyclass hieß der Sieger Asiana vor den arabischen Gesellschaften Emirates und Qatar.

Keine der befragten Airlines will offenlegen, wie viel sie für die Verpflegung ausgibt. Cateringexperten sprechen von im Schnitt zwischen fünf und zehn Euro für ein warmes Menü und einen Snack (ohne Getränke) in der Economy auf der Langstrecke. Für Business werden rund fünfundzwanzig Euro pro Person veranschlagt. In der Firstclass rund hundert Euro. Der hohe Preis für die Verköstigung der Ersten Klasse liegt nicht nur an den teuren Zutaten wie Hummer und Trüffeln. Hier werden für jeden Passagier tatsächlich alle zur Auswahl stehenden Gerichte bereitgehalten. Nichts Kleingedrucktes in der Menükarte. »Ist leider aus!« wird man hier nicht hören. Eher: »Darf es noch ein Löffelchen Kaviar mehr sein?«

Fünf bis zehn Euro für die Touristenklasse muss aber auch nicht automatisch Fastenzeit bedeuten. Cathay Pacific, der Drittplatzierte in der Firstclass, versucht in der Economy den Anspruch zu halten: Als Vorspeise marinierte Shrimps mit Couscous, dann immerhin drei Hauptgerichte zur Wahl, neben Tortellini und Schweinefilet auch Rindfleisch mit Champignons in Austernsoße. Zum Dessert Brombeer-Apfel-Kuchen. Gruppensieger Asiana bietet auf Flügen ab dem Heimatflughafen Incheon koreanische Küche mit viel frischem Gemüse und gegrilltem Fleisch, auf Flügen ab Europa ist das Eco-Essen bei Asiana eher das Übliche: Hühnchen oder Rindfleisch mit Pasta oder Reis.

Es gibt noch eine andere Möglichkeit, als Eco-Kunde dem Einerlei der Flugzeugkost zu entkommen. Viele Gesellschaften bieten bis zu zwei Dutzend Sondergerichte an. Sie reichen von vegetarischem und koscherem Essen über Vollkornkost und Obstplatten bis zu fettarmen, laktose- und glutenfreien Mahlzeiten. Diese Special Meals werden ohne Preisaufschlag serviert, sind allerdings von schwankender Qualität. Außerdem müssen sie mindestens achtundvierzig Stunden vorab bestellt werden, am besten gleich bei der Buchung.

Genutzt wird dieses Zusatzangebot bislang selten. Nur drei Prozent der Bestellungen, heißt es bei LSG Sky-Chefs, sind Sondergerichte.

Hat Sie das viele Essen durstig gemacht? Dann jetzt ein paar durchweg gute Nachrichten. Die meisten großen europäischen und asiatischen Fluglinien haben nach einigen Dürrejahren nun auch in der Einstiegsklasse wieder ein sehr ordentliches Getränkeangebot. Gratis, wohlgemerkt.

Applaus für Lufthansa, die neben Säften, Softdrinks und Bier auch auf der innerdeutschen Kurzstrecke Sekt ausschenkt. Bei Air France gibt es in der internationalen Economy sogar ein Gläschen Champagner, da lassen sich die Franzosen nicht lumpen. Wünscht man allerdings einen Nachschlag, versteht Mademoiselle hôtesse de l'air plötzlich kein Englisch mehr. (Die Sprachkompetenz des ansonsten reizenden Air-France-Personals lässt auch immer dann schlagartig nach, wenn man mal eine Klitzekleinigkeit zu meckern hat. Die Lehne lässt sich nicht zurückklappen, das Hähnchen ist kalt, und schwupps heißt es: »Pardon, I don't understand, monsieur?« Wie mich eine Kollegin tröstete, dringt auch ihr Ehemann nie mit seinen Beschwerden durch – und der ist Franzose!)

An den Rat von Flugmedizinern, auf Alkohol an Bord besser zu verzichten, will man sich gar nicht mehr halten, wenn man das Glück hat, in der Business- oder Firstclass zu sitzen. Gewiss, auch da gibt es seltsame Zwischenfälle: Auf einem Transatlantikflug rollte eine United-Stewardess ihren Getränkewagen durchs Businessabteil, immer wieder rufend: »Shampoo? Anybody a glass of Shampoo?« Blanke Verwirrung auf den Gesichtern der Passagiere. Vermutlich meinte sie *Shampain* – Sekt oder Champagner? Kann man schon mal durcheinanderbringen. Schäumt ja beides. Auf demselben Flug war die Reisende im Sessel neben mir mit einer großen Tüte von McDonald's an Bord gekommen. »Sie wissen, dass es hier gleich Essen und Trinken gibt?«, fragte ich sie, als sie Pommes und Cola auspackte. Sicher ist sicher, antwortete die Frau, »because these days you never know« – heutzutage müsse man mit allem rechnen. Als sich die Stewardess »Shampoo, Shampoo« rufend näherte, fühlte sich meine Nachbarin auf wunderbare Weise bestätigt.

Doch sonst gibt es eigentlich keinen Grund, in den oberen Klassen zum Abstinenzler zu werden. Als ich noch jung und ahnungslos war, versuchte mich mal eine Stewardess in der Businessclass von Icelandair mit Baileys, einem klebrig süßen Sahnelikör, abzufüllen. Heute weiß ich, was der Getränkewagen auf diesem Servicelevel sonst noch so bereithält: edle Rotweine aus Bordeaux und dem kalifornischen Napa Valley, teure Weißweine aus dem Rheingau, feine Beerenauslesen aus dem Burgenland. Dazu noch Portwein, Sherry und literweise

Champagner von Piper-Heidsieck bei Lufthansa bis Jahrgangs-Dom-Perignon bei Singapore Airlines.

American Airlines will herausgefunden haben, dass ein Drittel der Premiumkunden ausgewiesene Weinkenner sind, die auch zu Hause nicht jede x-beliebige Flasche öffnen. Insofern lohne sich der Aufwand, ein paar bessere Tropfen einzupacken. Die Bestellmengen sind beachtlich und die Fluggesellschaften zur unverzichtbaren Größe für die Winzer dieser Welt geworden. Auf einem Flug von London nach New York hat beispielsweise British Airways fünfunddreißig Flaschen Wein für die Firstclass, vierundachtzig für Business und hundert für Economy dabei. LSG SkyChefs verlädt pro Jahr mehr als neun Millionen Flaschen Wein und Sekt allein an deutschen Flughäfen.

Damit die Auswahl stimmt, arbeitet British Airways mit der bekannten Weinautorin Jancis Robinson zusammen. Lufthansa hat sich die Expertise des deutschen Spitzensommeliers Markus Del Monego gesichert. In Absprache mit den Köchen sucht Del Monego die passenden Weine zu den Menüs aus. Vier verschiedene Weine und ein Champagner sind es in der Businessclass, neun bis zehn in der Firstclass. Das Sortiment wird auf das Flugziel abgestimmt. Nach Südamerika sind chilenische oder argentinische Rotweine mit an Bord, nach Südafrika zum Beispiel ein Pinot Noir aus Stellenbosch. Alle zwei Monate ändert sich die Auswahl, Del Monego fliegt regelmäßig mit, um zu prüfen, ob die Weine in der Luft auch so schmecken, wie er sich das am Boden gedacht hat. Auch kein schlechter Job.

Gleichwohl kann man fragen, ob die ganze Weinseligkeit angemessen ist (oder ob die Frau von Icelandair mit ihrem Baileys doch richtig lag). Nicht nur das eingeschränkte Geschmacksempfinden in der Höhe spricht dagegen, auch das Durchrütteln beim Start tut den edlen Tropfen nicht gut. Besonders ältere Jahrgänge reagieren sensibel auf den Kabinendruck, die geringe Luftfeuchte und die meist zu kühle Temperatur im Transportcontainer. »Wie soll ein teurer Wein da sein Bukett entfalten?«, fragt skeptisch Del Monegos Kollege Hendrik Thoma, lange Jahre Chefsommelier im Hotel Louis C. Jacob in Hamburg. Und dann die gerade mal senfglasgroßen Becher aus dem Bordgeschirr! Da könnte man auch gleich den billigen Fusel aus der Literflasche mit Schraubverschluss ausschenken. Merkt eh keiner.

Fliegt Hendrik Thoma Businessclass, verzichtet er auf Wein. Und bestellt stattdessen Gin Tonic.

6
»Mit Salz und Pfeffer?«

Verleiht Tomatensaft Flügel?
Erklärungsversuch für eine erstaunliche Liebe:
Über das populärste Getränk an Bord

Am Wochenende legte verschütteter Tomatensaft ein
Röntgengerät am LaGuardia-Flughafen von New York lahm.
Passagiere standen stundenlang Schlange vor der
Sicherheitsschleuse.

US-Fernsehbericht im Oktober 2007

Im UFO-Restaurant am Flughafen von Los Angeles serviert der Barkeeper einen Cocktail namens Schwarzes Loch. Drei Stück davon, und gnädiges Vergessen ist Ihnen sicher. James Bond trinkt, wie jüngst erst im Film zu besichtigen, auch über den Wolken Wodka Martini. Von Turbulenzen geschüttelt, nicht gerührt. In der Firstclass fließt Champagner in Strömen.

Kein Getränk hat jedoch im Flug eine solche Karriere hingelegt wie der Tomatensaft.

Fragen Sie Ihren Sitznachbarn, der sich eben ein Glas einschenken ließ: In einem Restaurant auf festem Boden würde er ihn vermutlich nie bestellen. Trinkt er nur in der Luft. Verleiht Tomatensaft Flügel?

Wagen wir den Selbstversuch. Der Geruch ist säuerlich mit starker Gemüsenote, also nicht besonders attraktiv. Der Geschmack taugt auch nicht als Erklärung für die Popularität: eher plump und erdig, im Abgang salzig, was man durch das herabgesetzte Geschmacksempfinden in großer Höhe zum Glück nicht so merkt. Trotzdem nehme ich jederzeit lieber ein kühles Pils. Oder den Champagner.

Nicht mal die Optik besitzt Raffinesse. Die Farbe tief-rot, fast blutrot. Und erst die Konsistenz! Sämig wie ein Babybrei. Ist das vielleicht der Subtext? Steckt Flugangst dahinter, die uns innerlich ins Kleinkindalter zurück-wirft, sodass wir Trost suchen in püriertem Gemüse wie einst bei Muttern?

Tomatensaft im Flieger ist vor allem eine deutsche Liebe. Amerikanische Fluggesellschaften kennen sie auch, be-richten aber genauso oft vom Ginger-Ale-Phänomen: Kaum befinden sie sich zehntausend Meter über Grund, überkommt erwachsene Texaner und gestandene New Yorker die Lust auf Ingwerbrause, die sie zu Hause zu-letzt im Alter von neun Jahren getrunken haben – heim-lich, bevor der große Bruder vom Fußballspielen heim-kam. Eine schlüssige Erklärung hat dafür noch niemand gefunden. Genauso wenig wie für den Tomatensaft.

Drei, vier Schluck, mein Glas ist leer. Leichtes Sättigungs-gefühl breitet sich aus. Wahrscheinlich ist es das, was jeden fünften Passagier Tomatensaft bestellen lässt. Ein Mittel gegen die Hungerattacken in der Economyclass.

Vierzig Millionen Liter Tomatensaft werden nach den Statistiken der deutschen Fruchtsaftindustrie pro Jahr getrunken, drei Prozent davon in der Luft. Das klingt nicht viel, ist es aber doch, wenn man diesen Zahlen den Konsum von Orangensaft gegenüberhält: lediglich 0,4 Prozent im Flugverkehr. Wir können festhalten: Der Höhenflug des Tomatensafts ist kein Märchen.

Auch in den Internetblogs von Vielfliegern ist die rote Tunke ein heiß diskutiertes Thema. Mineralienmangel aufgrund der Belastungen beim Flug und die trockene Luft an Bord werden dabei als Erklärungen gehandelt. Man müsse es sich ungefähr so vorstellen: Kaum hat man die Reiseflughöhe erreicht, verzehrt sich der Körper nach verstärkter Vitaminzufuhr mittels flüssigem Gemüse aus dem Pappkarton. Kommt die Stewardess mit dem Getränkewagen näher, schnellt fast unwillentlich der Finger nach oben, und die Lippen des Passagiers formen den Satz: »Für mich bitte 'nen Tomatensaft.« Eine Theorie, die auch erklären könnte, warum manchem anschließend tiefe Verblüffung ins Gesicht geschrieben steht: Was habe ich da getrunken? Ich wollte doch ein Bier!

Wie jeder Flugmediziner bestätigen kann, kommt diese Theorie allerdings ziemlich rasch ins Trudeln. Die Folgen eines Fluges für den Mineralienhaushalt sind kaum nachweisbar, schon gar nicht auf der Kurzstrecke zwischen Frankfurt und Berlin, auf der aber gleichfalls viel Tomatensaft verlangt wird, schauen Sie sich das nächste Mal um! Physiologisch gelten lassen könnte man höchstens das Argument, dass einem beim Auf und Ab in der Luft im Magen flau wird und man sich dann lieber einen Schluck milden Gemüsesaft gönnt als säurehaltigen Orangen- oder Apfelsaft.

Flauer Magen also? Ist es das? Dann sollten Sie wissen, dass das Nachtschattengewächs Tomate die Verdauung nicht beruhigt, sondern fördert, sogar leicht abführend wirken kann. Zügeln Sie also besser Ihr Verlangen. Besonders wenn Ryanair-Chef Michael O'Leary doch noch seine Drohung wahr macht und Münzschlitze an der Bordtoilette installiert.

Tomatensäfte aus dem Karton sind zudem auch meist stark gewürzt und gesalzen. Die Stiftung Warentest hat bei beliebten Marken fast zehn Gramm Salz pro Liter gefunden; die beiden Säfte, die die Lufthansa ausschenkt, enthalten rund sechs Gramm. Das ist üppig, als Babynahrung und bei kochsalzarmer Diät nicht mehr zu empfehlen. Ebenso wenig als Durstlöscher.

Deshalb ist es auch überflüssig, das Angebot der Stewardess anzunehmen und noch mal selbst ordentlich mit Salz und Pfeffer nachzuwürzen. Wenn Sie eine Bloody Mary wollen, bestellen Sie zum Tomatensaft lieber ein Fläschchen Wodka. Den Tabasco und die Stange Sellerie zum Umrühren müssen Sie freilich selbst durch die Sicherheitskontrollen bringen.

Weder geschmacklich noch physiologisch ist also ein klarer Vorteil zu erkennen. Will man dem Rätsel auf die Spur kommen, bleibt nur noch der soziologische Ansatz: Irgendjemand gibt sich als Kenner des Getränkesortiments zu erkennen, dann kommen auch die anderen auf den Geschmack: Tomatensaft? Warum eigentlich nicht! Schön rot. Mal was anderes, denken sie sich vielleicht.

Ein klassischer Fall von Gruppendynamik.

Dafür spricht auch die Beobachtung von Flugbegleitern, dass Tomatensaft in Wellen durch die Kabine schwappt. Die eine Reihe fängt damit an, dann wollen es auch die Umsitzenden. Dann ebbt das Verlangen wieder ab, bis zehn Reihen weiter vorn das Spiel von Neuem beginnt.

Schwappt die Woge bis ins Cockpit? Nein, sagt ein Flugkapitän aus meinem Bekanntenkreis. Nie würde er Tomatensaft am Steuer trinken. Viel zu riskant für die schöne Uniform.

7
»Schwimmwesten finden Sie unter Ihrem Sitz«

Der Mythos vom sicheren Fliegen:
Was sagt eigentlich die Statistik?
Welche Fluglinien sollte man meiden?
Welche Wochentage? Wo über ebt man
einen Absturz eher: vorn im Flieger oder hinten?
Und was hat Aberglaube im Flugbetrieb
zu suchen?

Warum bauen Sie nicht das ganze Flugzeug aus diesem
Zeugs für die Black Box?

Steven Wright, amerikanischer Komiker

Falls Sie zu den rund dreißig Prozent der Reisenden gehören, die unter Flugangst leiden oder zumindest von einem unguten Gefühl beim Fliegen geplagt werden, sollten Sie die folgenden Seiten besser nicht lesen. Wir kommen jetzt zum Thema Unfälle und Abstürze (oder »vorzeitig beendete Flüge«, wie es in Fachkreisen heißt), dem Splatter-Kapitel dieses Buches.

Nichts Gutes ließ bereits der historische Erstflug von Orville und Wilbur Wright ahnen. Er wäre fast eine Bruchlandung geworden. Beim ersten Versuch am 14. Dezember 1903 senkte sich der Doppeldecker kurz nach dem Start plötzlich und ungeplant wieder zu Boden. Zum Glück kein Totalschaden, sodass drei Tage später, am 17. Dezember, ein neuer Anlauf unternommen werden konnte. Der steht heute in den Geschichtsbüchern.

Und noch etwas haben uns damit schon die beiden Pioniere gelehrt: Start und Landung sind die gefährlichsten Phasen beim Fliegen. Ist man erst mal unterwegs, kann nicht mehr viel passieren. Statistisch gesehen.

Geht man nach der Zahl der Opfer pro zurückgelegten Kilometern, was von der Luftfahrtindustrie bevorzugt getan wird, weil beim Fliegen weite Strecken bewältigt werden, ist das Flugzeug mit Abstand das sicherste Reisemittel. Viel sicherer als Zug oder Auto.

Fragt man jedoch nach der Rate der Todesfälle pro angetretener Reise, was auch das Maß von Luftfahrtversicherungen ist, gewinnt eine andere Fortbewegungsart den Siegerpokal: Busfahren. Danach kommen Zug-, Auto- und Schiffsreisen, dann erst das Fliegen.

Bevor Sie jetzt den nächsten Flug absagen und stattdessen eine Busfahrt ins Mecklenburgische unternehmen: In den meisten Fällen geht's ja gut. Insgesamt gab es 2008 nach der Bilanz des Hamburger Flugunfallbüros JACDEC, die das Magazin »Aero International« veröffentlichte, weltweit fünfhundertachtundneunzig Tote bei Flugzeugunglücken, hundertdreiundfünfzig weniger als im Jahr zuvor. Das bestätigt einen positiven Trend der letzten Jahre: Der Luftverkehr nimmt zu, doch die Zahl der Todesopfer geht immer weiter zurück.

Dennoch sind die Verhältnisse nicht so, wie man sie sich wünschen würde. Das Luftfahrtbundesamt in Braunschweig sieht mit Sorge die wachsenden wirtschaftlichen Schwierigkeiten vieler Fluggesellschaften. Der Zusammenhang zwischen der ökonomischen Stabilität eines Unternehmens und der Qualität seines Flugbetriebs liegt auf der Hand. Regelmäßige technische Checks und Überholungen der Flotte sind neben Personal und Treibstoff die teuersten laufenden Kosten.

Die Pilotenvereinigung Cockpit wiederum warnt in ihrem Thesenpapier »Sicherer Himmel« von 2008 vor Lücken in der Ausbildung und vor der Arbeitsüberlastung der Piloten durch verdichtete Dienstpläne. Das stimmt nachdenklich, zumal wenn man eine Studie des Flugzeugherstellers Boeing aus demselben Jahr kennt, wonach in den vergangenen fünfzig Jahren mehr als die Hälfte aller Flugunfälle zumindest zum Teil auf Fehler der Crew zurückzuführen war. Dazu passt die Meldung vom November 2008, dass ein Copilot von Air Canada auf einem Flug unterwegs nach London einen Nervenzusammenbruch erlitt. Eine Stewardess musste für ihn einspringen. Die Sache ging glücklich aus, die Boeing 767 konnte sicher in der irischen Stadt Shannon notlanden.

Unabhängig von den Statistiken ist Fliegen für viele Menschen *gefühlt* eine unsichere Sache. Das liegt auch daran, dass jeder Flugunfall großen Nachrichtenwert hat. Kommen Passagiere zu Schaden, wird lang und breit in Fernsehen, Zeitungen und Internet über die Ursachen gerätselt. Augenzeugen werden befragt, Experten um Stellungnahmen gebeten, die Flugschreiber in der zerstörungssicheren »Black Box« gesucht. Es scheint fast so, als habe sich auch gut hundert Jahre nach der wrightschen

Premiere ein tief sitzender Zweifel gegenüber dem Abenteuer Fliegen erhalten. Ist es wirklich eine gute Idee, dreihundert Menschen in einen hauchdünnen Aluminiumschlauch zu stecken und durch die Troposphäre zu jagen?

Dass Flugunglücken oft eine besondere Dramatik innewohnt, erhöht die Anteilnahme der Öffentlichkeit zusätzlich. Es geht um den Kampf zwischen Mensch und Maschine, um Heldenmut im Angesicht der Katastrophe. So etwa bei dem »Wunder vom Hudson« im Januar 2009, als ein Vogelschwarm in die beiden Triebwerke eines Airbus A320 von US Airways geriet und sie binnen Sekunden stilllegte. Der 58-jährige Kapitän Chesley »Sully« Sullenberger, ein in Ehren ergrauter ehemaliger Kampfjetpilot, bewies Nerven aus Stahl, steuerte den antriebslosen Airbus, als handelte es sich um ein Segelflugzeug, und wasserte ihn sicher auf dem Hudson River mitten in New York. Zum Schluss schritt Kapitän Sullenberger noch durch das sinkende Flugzeug auf der Suche nach letzten Überlebenden.

Die spektakuläre Notlandung beherrschte tagelang die Nachrichtensendungen und Titelseiten der Zeitungen. Bei aller Freude über das Happy End – sämtliche hundertfünfundfünfzig Menschen an Bord wurden gerettet – wunderte man sich doch, dass ein paar Graugänse ein so großes Flugzeug zum Absturz bringen konnten. Wie sicher ist Fliegen, wenn schon Vögel zur tödlichen Gefahr werden?

Oder ein verlorener Metallstreifen wie auf Startbahn 21 des Pariser Flughafens Charles de Gaulle im Juli 2000. Ein Reifen platzte, ein Tank riss auf, das Überschallflugzeug Concorde explodierte kurz nach dem Abheben in einem Feuerball. Hundertvierzehn Menschen starben, in der Mehrzahl deutsche Touristen, die sich auf eine Kreuzfahrt mit dem Fernseh-Traumschiff »MS Deutschland« in der Karibik gefreut hatten. Für die Concorde, ein Prestigeobjekt von British Airways und Air France, war das der Anfang vom Ende. Im Oktober 2003 wurde das letzte Exemplar aus dem Verkehr gezogen.

Das Misstrauen gegenüber dem Fliegen erhält in den letzten Jahren noch durch einen technischen Fortschritt auf anderem Gebiet Nahrung. Seit sich Videokameras im öffentlichen Raum ausgebreitet haben und immer mehr Menschen mit Digitalkameras oder Video-Handys unterwegs sind, liegen auch immer öfter Bewegtbilder vor, sobald es irgendwo auf der Erde kracht.

Früher musste man auf Augenzeugenberichte und nachträglich erstellte Fotos vom ausgebrannten Flugzeugwrack zurückgreifen, was die Tragödie nicht minderte, aber doch für größere Distanz sorgte. Heute gibt es erstaunlich oft ein Ein- oder Zweiminutenvideo, das unmittelbar zeigt, wie sich das Unglück entfaltete. Mittendrin statt nur dabei. Die Filmchen sind zwar meist verwackelt und von minderer Qualität, aber vielleicht gerade deshalb besonders eindringlich.

Beim Absturz einer Turkish-Airlines-Maschine im Februar 2009 in Amsterdam tauchte ein Film aus dem

Inneren der zerschellten Maschine auf, man sah die Verwüstung und das Chaos, als hätte man selbst im Flugzeug gesessen. Beim Spanair-Unglück im August 2008 in Madrid-Barajas, bei dem hundertvierundfünfzig Menschen starben und nur achtzehn überlebten, veröffentlichte die spanische Zeitung »El Pais« in ihrer Online-Ausgabe ein 49-Sekunden-Video, das den fehlgeschlagenen Start der fünfzehn Jahre alten MD-82 auf Piste 36 bis zur Explosion in schwarzen Rauchwolken zeigte. Sogar der Notruf des Towers war in dem Video zu hören. Es war das schwerste Flugunglück in Europa seit dem Lockerbie-Attentat vor zwei Jahrzehnten.

Und auch bei der um Haaresbreite tragisch gescheiterten Landung eines Lufthansa-Jets im März desselben Jahres in Hamburg gab es eine Bewegtbild-Dokumentation. In diesem Fall endete die Sache für alle Insassen gut, gleichwohl ist das eine Minute lange Amateurvideo, das immer noch bei Youtube im Internet zu sehen ist, nichts für schwache Nerven: Im Sturmtief »Emma« nähert sich Flug LH 44 aus München der Landebahn 23. Der Himmel grauschwarz, der Wind heult und pfeift, das Flugzeug schwankt wie ein Drachen aus Papier in der Luft. Kurz vor dem Aufsetzen kippt es nach links, die Flügelspitze streift die Landebahn. Den beiden Piloten gelingt es, die Maschine abzufangen, sie geben vollen Schub und starten durch.

Schwer zu sagen, für wen der Schrecken größer war. Für die hunderteinunddreißig Insassen des Airbus, die sich beim Anflug wie in einer Schiffschaukel gefühlt haben müssen, aber wenigstens nicht sehen konnten, wie dicht ihr Flugzeug an der Havarie vorbeischrammte. Oder für die Zuschauer am Rand des Rollfelds, die die Katastrophe nahen sahen.

So sicher Fliegen ist, es bleibt ein Rest von Risiko – wie im Auto- oder Bahnverkehr. Die Fluggesellschaften reden nicht gern darüber, vielmehr tun sie eigentlich alles, um keine Unruhe zu schüren. Schon bei den ersten Lufthansa-Flügen in den Zwanzigerjahren war das so: Werbeplakate zeigten heiter winkende Familien auf der Gangway. Keine Angst, war die Botschaft, Fliegen ist ein Kinderspiel. Heute werden die obligatorischen Sicherheitsregeln vor dem Start so routiniert abgespult wie der Hinweis auf die Nebenwirkungen einer Kopfschmerztablette – und vom Publikum mit ähnlich geringer Aufmerksamkeit goutiert. Manche Airlines haben die Sicherheitstipps in einem Cartoonfilm verpackt; es ist nahezu niedlich anzusehen, wie sich die Zeichenfiguren »in the unlikely event of a loss of cabin pressure« die Gesichtsmasken festzurren oder die Schwimmwesten überstreifen, ehe sie wie auf einem Abenteuerspielplatz die Notrutschen hinabsausen.

Trotzdem kann fast jeder, der viel fliegt, von bedrohlichen Zwischenfällen berichten. In fünfundzwanzig Jahren als Flugreisender habe auch ich diverse Pannen erlebt. Den Ausfall eines Triebwerks auf einem Inlandsflug nach New York, der aber keine Konsequenzen hatte, weil der Pilot mit dem zweiten sicher landen konnte. Probleme mit der Bordelektronik, die zu einer Umkehr zum Startflughafen führten. Eine randalierende Britin in der Economykabine, die einem Flugbegleiter ein blaues Auge schlug und daraufhin die Crew zu einer überhasteten Landung zwang. Dazu vermutlich noch zwei, drei kritische Situationen oder Beinaheunfälle in der Luft und auf dem Boden, von denen ich als Passagier gar nichts mitbekommen habe.

Der einprägsamste Zwischenfall geschah im Dezember 1993 auf dem Rückflug von Gran Canaria nach Köln/ Bonn. Über dem Rheinland tobte ein Wintergewitter. Sekunden vor dem Aufsetzen drückten Seitenwinde die LTU-Maschine von der Landebahn auf das Flughafengebäude zu. Die Triebwerke heulten auf, der Blitz schlug ein. Der Pilot zog die Lockheed TriStar wieder hoch, flog eine weite Schleife und setzte eine Viertelstunde später auf einer anderen Landebahn auf. Das tiefe Schweigen und den scharfen Geruch von Angstschweiß in der vollbesetzten Urlaubermaschine werde ich nicht vergessen. Sitznachbarn, die sich nicht kannten, hielten einander an den Händen. Plötzlich wurde einem sehr bewusst: Man kann nicht einfach aussteigen, wenn es brenzlig wird, man muss sich darauf verlassen, dass die Crew die Situation meistert und den Flieger sicher wieder runterbringt. An diesem Gefühl der Hilflosigkeit liegt es vermutlich, dass so viele Menschen ungern im Flugzeug sitzen.

Die Besatzung hat sich in jenem Wintergewitter vorbildlich verhalten, sie war professionell und unerschütterlich. Meine Achtung vor dem Können der Piloten und

Flugbegleiter ist damals gewachsen und bis zum heutigen Tag hoch, sonst würde ich nicht immer wieder in Flugzeuge steigen.

Noch eine Geschichte: Im Trainingszentrum der Hongkonger Fluglinie Cathay Pacific führte ein australischer Ausbilder einer Kollegin und mir vor ein paar Jahren im Simulator vor, wie flexibel ein gut ausgebildeter Kapitän im Notfall reagieren kann, selbst wenn er im schwerfälligen Jumbo unterwegs ist, einer Boeing 747. Kurz vor der Landung auf dem Heimatflughafen Chek Lap Kok begab sich der Ausbilder auf Kollisionskurs mit einem anderen Flugzeug, er brach den Anflug ab und zog den Riesenvogel wie ein kleines Sportflugzeug in einer engen 90-Grad-Schleife fast auf der Seite liegend über das Flughafengebäude hinweg, zurück aufs offene Meer. Im Cockpit schrillten die Sirenen. *Warning, Warning, Warning.* Mein Magen rutschte in die Knie, und ich möchte nicht wissen, was die Passagiere in der Kabine gedacht hätten, wenn es sich um einen wirklichen Flug gehandelt hätte. Der Jumbo selbst überstand den halsbrecherischen Kurswechsel jedoch ohne Schaden und begab sich zurück in ruhige Fluglage, als wäre nichts gewesen. »Wenn Sie mögen, machen wir das jetzt mal in einem echten Flugzeug«, schlug der Cathay-Trainer vor. Wir haben dankend abgelehnt.

Hätte es sich nicht um eine Simulation gehandelt, wäre die Beinahekollision von Hongkong wahrscheinlich binnen Stunden in den weltweiten Unfallregistern aufgetaucht und debattiert worden. Die zivile Luftfahrt ist neben Schifffahrt und Atomindustrie eine der am schärfsten beobachteten Branchen der Welt. Eine Vielzahl öffentlicher und privater Verbände dokumentiert alle bekannt gewordenen Zwischenfälle in sämtlichen Einzelheiten: Gesellschaft, Flugzeugtyp, die Flugphase, in der das Unglück geschah, die Jahres- und die Tageszeit. Die Daten sind im Internet für jedermann einsehbar, etwa bei der Bundesstelle für Flugunfalluntersuchung BFU, dem Hamburger Unfallzentrum JACDEC, der amerikanischen Flight Safety Foundation oder dem Aircraft Crashes Record Office ACRO in Genf.

Aus den Registern kann man seine eigenen Schlüsse ziehen. Die Daten der Flight Safety Foundation legen zum Beispiel nahe, dass man sich beim nächsten Check-in besser einen Platz im Heck sichern sollte. In dreißig untersuchten Unglücken mit mindestens einem Überlebenden saßen die Davongekommenen im hinteren Teil der Kabine, nur in fünfundzwanzig vorn.

Zu einem ähnlichen Ergebnis kam das amerikanische Wissenschaftsmagazin »Popular Mechanics« nach Auswertung der Archive der US-Verkehrssicherheitsbehörde seit 1971: Passagiere, die auf einem Platz hinter den Tragflächen saßen, hatten eine um vierzig Prozent höhere Überlebenschance als diejenigen in den vorderen Reihen. Klingt nach einer schlechten Nachricht für die First- und Businessclass.

Fluggesellschaften und Hersteller wie Boeing bestreiten diesen Befund, sie halten den einen Platz für so sicher wie den anderen. Der britische Sicherheitsexperte Ed Galea bietet einen Kompromiss an: Ob vorne oder hinten sei im Prinzip egal, solange man einen Gangplatz maximal fünf Reihen entfernt vom nächsten Notausgang innehat.

Daraus, immerhin, sollte man als Flugreisender schließen, dass es sich lohnt, beim nächsten Mal auf die Sicherheitshinweise zu achten, auch wenn die Flugbegleiter sie gelangweilt herunterbeten: Wo befinden sich die Notausgänge, und wie komme ich im Falle des Falles am schnellsten dorthin?

Sinnvoll ist es gewiss auch, sich vor der Buchung mit der Sicherheitsgeschichte einer Fluggesellschaft auseinanderzusetzen und nicht das erstbeste billige Ticket zu kaufen. Wie viele Unfälle hat eine Airline zu verantworten, und wann war der letzte? Wie groß und wie alt ist die Flotte, wie viel Wert legt man auf Wartung und eine gute Crew? Schon der erste Blick in die Unfallstatistiken zeigt regionale Unterschiede. In den vergangenen Jahrzehnten haben immer wieder Russland und die GUS-Länder sowie Afrika schlecht abgeschnitten, gefolgt von Gesellschaften aus asiatischen Schwellenländern.

So stürzte 2008 eine fünfzehn Jahre alte Boeing 737 einer Regionaltochter von Aeroflot beim Landeanflug auf

Perm auf die Gleise der Transsibirischen Eisenbahn, keiner der achtundachtzig Insassen überlebte. Eine zwanzig Jahre alte Boeing 737 der KD Avia aus Kaliningrad, die auch ab mehreren deutschen Städten fliegt, konnte im selben Jahr ihr Fahrwerk nicht vollständig ausfahren und wurde bei einer Landung schwer beschädigt; zum Glück gab es keine Toten. Beim Versuch einer Notlandung einer weiteren Boeing 737, diesmal einer achtundzwanzig Jahre alten Maschine der kirgisischen Itek Air, kamen Ende August 2008 fünfundsechzig Menschen zu Tode, die Crew hatte kurz nach dem Start technische Probleme gemeldet.

Fluglinien aus Kirgisistan dürfen europäische Flughäfen inzwischen nicht mehr anfliegen. Wegen erheblicher Zweifel an der Zuverlässigkeit der jeweiligen nationalen Luftaufsicht hat die Europäische Union auch einen Bann über alle Luftfahrtunternehmen aus Indonesien sowie aus Angola, der Demokratischen Republik Kongo und ein paar weiteren afrikanischen Ländern verhängt. Es gibt dazu im Internet eine »schwarze Liste« (http://ec.europa.eu/transport/airban/).

Beim schwersten Unfall in Afrika 2008 schoss eine dreißig Jahre alte DC-9 der Hewa Bora Airlines im kongolesischen Goma über die Landebahn hinaus und stürzte in eine belebte Einkaufsstraße. Drei Insassen und siebenunddreißig Menschen am Boden kamen ums Leben.

Hingegen können nordamerikanische Linien und Gesellschaften aus dem Nahen Osten generell eine gute Sicherheitshistorie aufweisen. Normalerweise wären auch Europas Flugunternehmen zu loben, jedoch trübten in den vergangenen Jahren gleich mehrere schwere Unfälle die Bilanz. So etwa die bereits erwähnten Unglücke von Madrid und Amsterdam. Im Januar 2008 stürzte zudem eine gerade erst sieben Jahre alte »Triple Seven« von British Airways dreihundert Meter vor der Landebahn von London-Heathrow in den Matsch. Alle Passagiere der aus Peking kommenden Boeing 777 konnten von einer souveränen Crew über die Notrutschen gerettet werden, das Flugzeug war allerdings reif für die Verschrottung – der erste Totalverlust für British Airways seit mehr als drei Jahrzehnten.

Zu den weltweit sichersten Fluggesellschaften gehören die australische Qantas, Finnair und die israelische El Al. Seit Jahrzehnten haben sie eine weiße Weste: kein Flugzeugverlust und keine Todesopfer. Unter den deutschen Gesellschaften nehmen die sogenannten Billiganbieter Air Berlin und Tuifly/HLX die besten Plätze ein. Sie haben bislang alle Passagiere lebend ans Ziel gebracht. Die Lufthansa hingegen, die aber auch ein Vielfaches an Flügen absolviert, musste in ihrer Geschichte bereits einige Todesopfer hinnehmen. Das schwerste Unglück war der Absturz der Boeing 747 »Hessen« kurz nach dem Start in Nairobi im November 1974; neunundfünfzig der hundertsiebenundfünfzig Insassen überlebten nicht. Der bislang letzte Zwischenfall der Lufthansa mit Todesopfern geschah vor mehr als anderthalb Jahrzehnten im September 1993, als die aus Frankfurt in Warschau eintreffende »Kulmbach« über die Landebahn hinausschoss und zwei Insassen in dem Airbus A320 starben.

Aus den Unfallstatistiken ließen sich auch noch ungünstig in den Bergen gelegene oder mit knapper Landebahn ausgestattete Flughäfen und sogar bestimmte Wetterlagen sowie einzelne Wochentage als Risikofaktoren herauslesen. Wenn man sich als Laie allerdings seinen persönlichen Flugplan danach zu stricken beginnt, ob es Dienstag ist und mindestens drei Grad über null, rückt das ziemlich nahe an Schrulligkeit und Aberglauben.

Den Einfluss von Aberglauben sollte man nie unterschätzen, wenden Sie ein? Wohl wahr. In der hoch technisierten Luftfahrt spielt er immer noch eine erstaunlich große Rolle. Gang und gäbe etwa, dass Gesellschaften eine Flugnummer nicht mehr wiederverwenden, die in ein Unglück verwickelt war. Selbst knallharte Piloten weisen zwar jede Form von Mystik im Dienst von sich, nehmen aber ein Bild der Muttergottes oder – wenn es am christlichen Glauben hapert – der Ehefrau mit ins Cockpit.

Und über die Zahl 13 sollten wir hier vielleicht besser gar nicht sprechen. Nicht nur die Lufthansa springt in ihren Fliegern von der zwölften direkt zur vierzehnten Sitzreihe (und dann wieder von der sechzehnten zur achtzehnten, weil die 17 in Italien Unglück bringt). Brussels Airlines änderte nachträglich das Firmenlogo von dreizehn auf vierzehn Punkte und ist damit gut geflogen.

Wir haben in diesem Buch vorsichtshalber auf das dreizehnte Kapitel verzichtet. Sicher ist sicher.

8
»Verbleibende Flugzeit 12 Stunden«

Wie Sie nicht nur die Langstrecke überstehen:
Tipps für einen gelungenen Fluc.
Ein Flight Manual von A wie Armlehne
bis U wie Unterhaltungsprogramm

A wie Armlehne. Wird meist von Anzugträgern mittleren Alters in Beschlag genommen. Überkommene Form von Revierverhalten: mein Platz! Sind Sie ebenfalls ein Anzugträger mittleren Alters, rächen Sie sich durch lautes Schnarchen, oder täuschen Sie juckenden Hautausschlag vor und rufen in regelmäßigen Abständen in irrem Ton: Die Krise! Die Krise! Für alle anderen → Zen!

B wie schreiende Babys. Fragen Sie schon beim Check-in, wo die Sitze für Familien sind (meist vorn). Sonst helfen nur → Ohrstöpsel oder schalldichte Kopfhörer. → iPod. Trösten Sie sich, Totenstille ist schlimmer. → Nachbar.

C wie Carry-on-Luggage, Handgepäck. Gehen Sie mit gutem Beispiel voran, und nehmen Sie nur das Wichtigste mit: Wasser, Lieblingsbuch, → iPod oder → Ohrstöpsel. Sie werden sehen: ein befreiendes Gefühl. → Zen.

D wie Durchsagen. Radebrechendes Zugpersonal am Bordmikro macht Bahnfahrten zur Qual. Fliegen ist leider nicht besser: elf Durchsagen in fünfzig Minuten von Hamburg nach Frankfurt! Hallo, Herr Purser mit dem Doppelnamen und den hochtoupierten Haaren: Das hier ist ein Airbus und nicht RTL2! → Ohrstöpsel, → Zen.

E wie Einsteigen. Steigen Sie früh ein. Doch! Auch wenn es albern aussieht, positionieren Sie sich noch vor der ersten Durchsage an den Drehkreuzen, wenn Sie Handgepäck (→ Carry-on-Luggage) dabeihaben. Sonst landet Ihre Tasche im Gepäckfach zehn Reihen hinter Ihnen oder zwischen Ihren Füßen, weil die anderen ihren halben Hausstand mit an Bord schleppen. Achtung: Gilt nicht, wenn Sie mit Bussen zum Flugzeug gebracht werden! Steigen Sie dann als Letzter in den Bus (und als Erster wieder aus). Achtung: Gilt auch nicht, falls Ihre Airline noch nach Sitzreihen einsteigen lässt (es hält sich allerdings eh kaum jemand daran, und es beschleunigt auch nichts).

F wie Flugmeilen. Lohnen sich eigentlich nur für die, die sie nicht nötig haben: Business- und Firstclasskunden bekommen Meilen doppelt und dreifach gutgeschrieben und werden zu hofierten Statuskunden mit Lounge-Zutritt. Das Leben ist ungerecht. → Ypsilanti, → Zen.

G wie Gesundheit. Thrombose-Gefahr durch langes Herumsitzen – nie gehört? Ihre Mitreisenden schon. Deshalb ist auf Langstreckenflügen fast die ganze Kabine unterwegs. Nervt nicht nur Stewardessen. → Platzwahl.

H wie Hub. Zentrale Umsteigebahnhöfe im Luftverkehr wie Frankfurt, London oder Paris. Ständig überlastet und verspätungsanfällig. Die Folge: verpasste Anschlussflüge und schlechte Laune. Fliegen Sie nonstop oder über kleinere Drehkreuze wie Zürich oder Wien.

I wie iPod. Und andere Musikabspielgeräte. Doppelt nützlich: Sorgt mit schalldichten Kopfhörern für Privatsphäre. Bei Verspätungen kann man ihn endlich mal aufräumen und die Playlist aktualisieren.

J wie Jetlag. Gehört zum Fliegen wie Muskelkater zum Sport und eignet sich gleichermaßen zum Angeben: »Letzte Woche nach Sydney, Mann, hatte ich einen Jetlag!« Wer Störungen des Schlafrhythmus verringern will, verzichtet an Bord auf Alkohol und Kaffee und trinkt stattdessen reichlich Wasser. Klingt spaßfrei, hilft aber.

K wie Kissen und Decken. Auf Pauschalreisen heiß umkämpft wie die Gratiszeitschriften. Manche nehmen gleich zwei. Man hat's im Rücken, klar. Letzte Reminiszenz an die Zeit, als Fliegen noch bequem war.

L wie Langstrecke. Noch zwölf Stunden bis zum Ziel? Think positive! Zwölf Stunden zur freien Verfügung, keine Mails, keine Anrufe vom Chef. Entrümpeln Sie Ihr Adressbuch, lesen Sie endlich die Gebrauchsanleitung für Ihr Handy, lernen Sie eine neue Fremdsprache. Zählen Sie aber nicht unbedingt auf das → Unterhaltungsprogramm.

M wie Mahlzeit. Bestellen Sie vorab ein Sondermenü, zum Beispiel vegetarisch, wenn Sie dem Einheitsfraß entkommen wollen. Oder schlagen Sie sich vor Abflug den Magen voll: Fast Food-Ketten und Pizza gibt's auch am Flughafen – immer noch besser als trockenes Hähnchen und pappige Pasta, oder?

N wie Nachbar. Bieten Sie dem Unruhegeist mit nervöser Blase neben Ihnen Ihren Gangplatz an. Bleiben Sie entspannt, es könnte schlimmer kommen. Bei British Airways verstarb ein Passagier im Flug. Weil die Eco voll war, spendierte die Gesellschaft der Leiche ein Upgrade in die Firstclass (→ Flugmeilen). Trotzdem nicht zur Nachahmung empfohlen.

O wie Ohrstöpsel. Wirken gegen Turbinenlärm, Kindergeschrei und → Durchsagen. Ein Muss auf jedem Flug. Wie bitte? EIN MUSS AUF JEDEM FLUG! Ah, Sie wissen es schon.

P wie Platzwahl. Reservieren Sie Ihren Platz früh, sonst hocken Sie in den vollen Fliegern von heute in der Mitte. Über die besten Sitze nach Flugzeugtyp informieren Websites wie www.seatguru.com. Am Fenster können Sie in Ruhe schlafen. Am Gang können Sie auf Toilette; aber dafür halten sich herumwandernde Passagiere dauernd an Ihrer Sitzlehne fest und stolpern auch schon mal über Ihren Fuß, sollte dieser nicht passgenau platziert sein; außerdem rumpeln die Stewardessen gern mit dem Servier- oder dem Duty-free-Wagen dagegen. → Gesundheit, → vorne oder hinten.

Q wie Quick Boarding. Ohne Personal geht's schneller, will einem die Lufthansa weismachen, die ihre automatisierten Einsteigeschleusen so nennt. E-Ticket oder Handy mit Barcode auf den Scanner – und durch. Manchmal klappt's, manchmal aber auch nicht. Dann die Blicke der hinter Ihnen an der E-Schranke Wartenden ignorieren und am Ende der Schlange an der bemannten Schleuse anstellen (Slow Boarding).

R wie Reiseziel. Wohin ich fliege, ist für den Komfort egal? Falsch gedacht. Falls Sie noch ein Upgrade guthaben, nutzen Sie es auf USA-Flügen, die Maschinen sind proppevoll und aus dem Altbestand. Auf Strecken nach Fernost geben sich die europäischen Linien mehr Mühe – wegen der Konkurrenz der asiatischen Spitzen-Airlines.

S wie Sicherheitshinweise. Wahrscheinlich so sinnvoll wie Pfeifen im Walde: Keiner passt auf, im Notfall kann sich niemand mehr erinnern. → Ypsilanti.

T wie Trinkgeld. Warum Kellner und Hotelpagen eines bekommen, Flugbegleiter aber nicht, bleibt ein Rätsel. Zeigen Sie Ihre Anerkennung durch ein Lächeln, selbst wenn Ihnen das Kabinenpersonal bei Turbulenzen den Kaffee über das Oberhemd gießt. Doch, lieber Vielreisender, Stewardessen sind auch Menschen. Früher hat man sogar mit ihnen geflirtet.

U wie Unterhaltungsprogramm. In den Achtzigerjahren gab es bei Lufthansa Derrick-Folgen im Bordkino. Manches wird nicht besser: Unterwegs nach New York (→ Reiseziel) zeigten die Deutschen einen einzigen Film auf flackernden Deckenmonitoren: das Musical »Mamma Mia«! Retro-Stil, wie wir ihn gar nicht mögen. → Zen.

V wie vorne oder hinten? Vordere Plätze empfehlen sich für Umsteiger und USA-Reisende. Man ist schneller draußen, steht zuerst vor den Einreiseschaltern und bekommt vielleicht seinen Anschlussflug. Hinten ist es wackeliger, die Triebwerke sind lauter. Andererseits: → Babys. Am ruhigsten ist es in der Mitte über den Tragflächen.

W wie Warmduscher. Nein, nicht schon wieder der nette Purser mit dem Doppelnamen. Emirates hat den Airbus A380 mit Borddusche ausgestattet, für »maximal zwei Personen«. Das ist noch besser als die Doppelbetten bei Virgin Atlantic. Leider nur für die Firstclass. → Flugmeilen, → Reiseziel.

X wie XL- oder XXL-Passagiere. Der Kollege neben Ihnen quillt aus dem Sitz? Kommt nicht nur in Amerika immer häufiger vor. Ein ungelöstes Problem für die Airlines. Ticketpreise nach Körpergewicht?

Y wie Ypsilanti. Hessens gescheiterte SPD-Chefin Andrea Ypsilanti war mal Stewardess, so wie Sabine Christiansen. Mehr Promis mit Tagesfreizeit unters Flugpersonal! Schwimmwesten-Vorführung von Margarete Schreinemakers, und die Aufmerksamkeit der Passagiere wäre gewiss. → Sicherheitshinweise.

Z wie Zen. Erfahrene Flugbegleiterinnen empfehlen entspannende Zen-Übungen vor dem Start. Lächeltherapie für alle. Wunderbare Idee!

9
Badewanne inklusive

Das Aschenputtel-Prinzip oder:
Schöner Warten in der Luxuslounge –
leider nur für Mitglieder. Die besten Wartesäle
der Welt. Und wie man hineinkommt, auch wenn
man nur ein Eco-Ticket besitzt

Ein hoher Status hat seine Vorzüge:
Man genießt Freiheiten, Muße, Komfort, und man erfreut
sich allgemeiner Wertschätzung und Zuwendung,
was sich in allerlei Aufmerksamkeiten äußert.

Alain de Botton, »Statusangst«

Ich kenne Frauen, die eine Schwangerschaft simulierten, nur um Zugang zu erhalten. Ich habe gestandene Männer erlebt, denen Tränen vor Wut in die Augen schossen, als ihnen der Zutritt verweigert wurde. An der gläsernen Schiebetür zur Flughafenlounge trennen sich die Welten wie bei Aschenputtel: die Guten ins Töpfchen, die Schlechten ins Kröpfchen. Aus Aschenputtel an der Loungerezeption wird eine strenge Stiefmutter, wenn jemand hineinwill, der nicht hinein gehört. Sie weiß um alle Tricks.

Meiner Bekannten, die Nachsicht als angeblich werdende Mutter erhoffte, aber nur einen Holzklasse-Flugschein vorweisen konnte, beschied die Loungewärterin kühl: »Wenn Sie sich so schwach fühlen, sind Sie womöglich gar nicht mehr flugtauglich?«

Einem stadtbekannten Juwelier, der kurz vor einem Tobsuchtsanfall stand, weil er mit seinem Businessticket nicht in den Firstclass-Wartesaal durfte, wurde mitgeteilt, wo er sich ein Upgrade besorgen könne. Kostenpflichtig, natürlich.

Und selbst in einer echten Ausnahmesituation, zum Finale der Fußballweltmeisterschaft 2002 nämlich, als im Fluggastbereich A in Frankfurt kein einziger Fernseher das Spiel Deutschland gegen Brasilien übertrug, es aber live in den Lufthansa-Lounges zu sehen war, hieß es unpatriotisch an der Eingangspforte: Nur für Mitglieder. Wie das Endspiel ausging, erfuhr ich erst im Flieger nach Hamburg, als der Pilot die Niederlage beiläufig wie den Wetterbericht durchgab: »Meine Damen und Herren, eine Nachricht aus Yokohama: zwei zu null für Brasilien.« Ein Ach und Weh erhob sich da unter den Fußballfans in der Kabine.

Zum Trost aller Economypassagiere und Gelegenheitsflieger, die nie ausreichend Statusmeilen zusammenbekommen werden, um Zugang zu besseren Kreisen zu erhalten, könnten wir leicht schmollend so beginnen: Es gibt schreckliche Lounges! Glauben Sie mir, da wollen Sie gar nicht rein. Da sitzen Sie draußen besser.

Die Business-Lounge im alten Teil des Flughafens von Peking zum Beispiel. Ostblockfeeling, als Verpflegung Instant-Nudelsuppe und geräucherte Eier in Vakuumverpackung, Licht wie in einem Operationssaal, rosafarbene Plastikblumen, Gummibaum neben dem Feuerlöscher. Man bekommt Depressionen.

China eben, merken Sie an? Warten Sie einen Moment, weiter unten im Text gibt es auch ein Gegenbeispiel aus dem Einflussbereich der Volksrepublik. Zudem: In Amerika ist es oft nicht besser. Die Wartesäle der US-Gesellschaften erinnern an ein Auffanglager für Tornadoflüchtlinge. Wie Turnhallen mit Teppichboden. Zweihundert durchgesessene Stoffsessel, ramponierte Beistelltische und Lampen mit schiefem Schirm. Auf Fernsehmonitoren flackert tonlos CNN oder ein Sportsender. An der Bar gibt es Käsecracker in Zellophan, alkoholische Getränke kosten extra. Trotzdem bewacht das Bodenpersonal den Eingang, als befände sich dahinter Fort Knox. Niemand sagt so schneidend »Sir!« wie die Mitarbeiterinnen von United Airlines vor der Red Carpet Lounge in Chicago O'Hare: »Sir! Mit *diesem* Ticket kommen Sie hier aber nicht rein.« – »Aber Ihr Kollege beim Check-in hat doch gesagt …« – »Sir! I am sorry. Next!«

Eher enttäuschend auch, was Lufthansa derzeit noch vielerorts den Businesskunden bietet. Unbequeme Stühle und Tischchen wie im Eckbistro, Kaffee aus dem Automaten, Siedewürstchen mit Senf und Ketchup oder Suppe aus dem großen Topf – Volksfestverpflegung. Als ich kürzlich am frühen Abend in einer der Businesslounges im B-Bereich des Frankfurter Flughafens zwei Stunden auf einen Nachtflug warten musste, gab es kein ordentliches Zeitungsangebot mehr, und die ohnehin magere Essensration bestand nur noch aus Resten.

Die Gesellschaft hat erkannt, dass das im Branchenvergleich zu wenig ist. Bis 2013 sollen die weltweit fünfundsechzig Lounges über alle Klassen hinweg für 150 Millionen Euro aufgerüstet werden, fünfzehn Lounges führt Lufthansa allein in Frankfurt.

Nun gibt es aber auch ganz wunderbare Lounges. Mein Favorit, obwohl inzwischen etwas in die Jahre gekommen, ist immer noch The Wing von Cathay Pacific in Hongkong – das versprochene Gegenbeispiel aus dem chinesischen Machtbereich. The Wing ist eine lichte, freundliche Oase über zwei Etagen im hektischen Großflughafen der Sieben-Millionen-Metropole. Es gibt kleine Baderäume, in die man sich allein für ein Schaumbad zurückziehen kann, ein chinesisches Restaurant, eine Bibliothek, Internetarbeitsplätze und die mit vierundzwanzig Metern angeblich längste Theke Asiens. Man fühlt sich nicht abgetrennt vom Rest der Welt wie in anderen Lounges, die mit dicken Glasscheiben und massiven Wänden an ein Aquarium erinnern oder an eine Isolierstation für schreckhafte Vielflieger (so hermetisch wirkt leider auch wieder die neue Arrival-Lounge von Lufthansa, die sie für ankommende Langstreckenfluggäste im Ankunftsbereich B von Frankfurt eingerichtet hat). Bei The Wing sind die Wände nur halbhoch, man sitzt im ersten Stock entspannt an der langen Theke wie in einer Rooftop-Bar, trinkt eine eisgekühlte Cola und kann hinunterblicken auf die durch die Halle hastenden Passagiere.

Weil der Erfolg so groß war, verdoppelte Cathay das Prinzip und eröffnete in Hongkong eine zweite weitläufige Luxuszone, noch größer, noch edler. Auf der Fläche von The Pier könnte man drei Großflugzeuge parken. Selbst wenn es voll ist, merkt man das kaum, weil sich die Wartenden auf mehrere Räume verteilen.

Manche Lounges gefallen durch den Service. Dazu zählen etwa die Anlage von Emirates in Dubai, die Silver

Kris Lounge an der Heimatbasis von Singapore Airlines oder auch die Departure Terraces mit Spa von British Airways am New Yorker JFK-Flughafen.

Manche Lounges sind allein optisch so schön, dass sie für jede Flugverspätung entschädigen. Auf Platz zwei meiner persönlichen Hitliste steht in diesem Sinne das Clubhouse von Virgin Atlantic in London-Heathrow. Mit einem ehrwürdigen Herrenklub hat es so wenig zu tun wie Raumschiff Enterprise mit einem Rolls-Royce. Hier regiert Cool Britannia mit bunten Farben, Designersesseln von Charles und Ray Eames sowie Lampen von Tom Dixon. Jeden Moment könnte Miss Uhura die weiße Treppe hinabschweben und Captain Kirk einen qualmenden Cocktail reichen. Zum Clubhouse gehören neben Deli-Theke und Restaurant eine Bibliothek mit Internetplätzen, Sauna, Whirlpool und Billardtisch. Was will man mehr, wenn man drei Stunden bis zum Weiterflug totschlagen muss?

Zeigt Lufthansa noch Schwächen im Business-Bereich, ist die deutsche Fluglinie in der Firstclass inzwischen führend und schlägt sogar die asiatischen Konkurrenten. In dem 2004 eröffneten Firstclass-Terminal in Frankfurt, dritter Platz auf meiner Favoritenliste, wähnt sich der Passagier nicht einmal am Flughafen, eher in einem auf dezenten Luxus getrimmten Stadthotel. Es liegt in einem Nebengebäude von Terminal 1. Außer dem Lufthansa-

Kranich kein Werbelogo auf den Wänden des in warmen Braun- und Erdtönen gehaltenen Saals mit großen Fenstern. Es gibt ein A-la-Carte-Restaurant mit Gerichten von Wiener Schnitzel bis Spargel und Schinken, eine Bar mit vierzehn Bier- und zweiundachtzig Whiskeysorten, ein abgetrenntes Raucherzimmer, zwei Ruheräume und vier Bäder. Am Wannenrand wartet ein gelbes Quietscheentchen, die einzige Spielerei in der ansonsten klar, ernst und zurückhaltend gestalteten Anlage. Landestypische Einsprengsel sucht man ebenfalls vergeblich, hier herrscht, wie in den meisten Airline-Lounges, ein internationaler Stil.

Genauso gut ausgestattet ist das jüngere Gegenstück direkt im Flugsteigbereich A, in der Etage über den Business- und Senator-Lounges. Und seit März 2008 gibt es im Flugsteig B noch ein drittes neues Firstclass-Asyl, dem ein Spa-Bereich mit sechs Bädern und zwei Massageräumen angefügt ist.

Manche Gesellschaften bieten eine Lounge für alle Topkunden, andere unterscheiden nach Business und First. Darin sind in der obersten Kategorie die Sessel noch weicher, die Zeitschriften internationaler, es gibt Champagner anstelle von Sekt, Kanapees ersetzen die Kekse.

Lufthansa hat die Spitzenklasse sogar nochmals aufgeteilt, in sehr gute Kunden und *sehr* sehr gute Kunden. Auf Economy und Business folgt als Drittes die Senator-

und Firstclass, dann aber noch als Viertes der HON-Circle. Man sagt »onn-sirkel«, ohne »h«, wie im englischen »honour« – Ehre. Es sei denn, Sie wollen sich auch als mehrfacher Milliardär bodenständig geben und Ihre rheinischen Wurzeln betonen. Etwa so: »Sach ma, Liebelein, wo jedet denn zum Honn-Zirkel-Klo?« (Bitte schreiben Sie mir die Reaktion der Rezeptionistin!)

Der HON-Circle umfasst diejenigen Passagiere, die in zwei Jahren mindestens 600 000 Meilen verfliegen. Eine Gruppe von etwa zwei- bis dreitausend Kunden, hauptsächlich Vorstandsvorsitzende und Manager von Rang, ab und zu auch mal ein Chefingenieur, der in Fernost eine Brücke baut. Angehörige dieses elitären Kreises weisen sich mit einer schwarzen Kundenkarte aus, falls das Bodenpersonal sie nicht ohnehin von Weitem erkennt, sofort ein strahlendes Lächeln anknipst und den roten Teppich der Eilfertigkeit ausrollt.

Für Firstclasskunden wird die Erkenntnis bitter sein: Tagein, tagaus jetten sie im Auftrag der Firma um die Welt, haben sich mühsam aus der Businessclass emporgearbeitet und ein goldenes Senatorenkärtchen (ab 130 000 Statusmeilen) im Portemonnaie. Und dann tritt jemand mit schwarzer Karte an die Rezeption und ist noch eine Klasse besser. Das kann einem glatt den Tag versauen. Selbstzweifel wallen auf. Statusangst!

Trotzdem fliegt Lufthansa mit dieser Vier-Klassen-Politik offenbar gut. Ein Mitarbeiter berichtet von »zwanzig Prozent plus« – ein Fünftel mehr Buchungen in der Ersten Klasse, seit der HON-Circle und die exklusiven Firstclass-Lounges eingeführt wurden.

Fluggesellschaften unterscheiden sich heutzutage vor allem durch ihre Nebenleistungen. Durch das, was sie zusätzlich zum Flug anbieten: die Vielfalt des Catering, ein umfangreiches Unterhaltungsprogramm mit Hunderten Film- und Audiokanälen, neueste Internet- und SMS-Services an Bord.

Für die Unternehmen bedeutet das ein ständiges Nachrüsten ihrer Flotten. Bei großen Gesellschaften wie Air France, British Airways oder Lufthansa mit vier-, fünfhundert Maschinen im Einsatz dauert so ein Umbau mindestens zwei bis drei Jahre. Ist der letzte Flieger auf den neuesten Stand gebracht, kann man meist gleich wieder von vorn beginnen und die nächste Innovation umsetzen.

Um sich von dem teuren Wettrennen in der Luft abzukoppeln, setzt Lufthansa derzeit vor allem auf das »Bodenprodukt«. Größere Lounges und verbesserte Einsteigeabläufe rechnen sich aus Sicht der Deutschen eher, weil sie einen längeren Wettbewerbsvorteil bieten. Nicht jeder Konkurrent kann sofort nachziehen, weil es am Platz für weitere Lounges an den Flughäfen fehlt oder an den technischen Kapazitäten, um beispielsweise das Boarding per Handy einzuführen, das unter Geschäftsleuten, die keine Gelegenheit haben, sich die Bordkarte auszudrucken, zunehmend an Beliebtheit gewinnt.

Es gibt aber noch einen weiteren Grund für den Aufwand, den die Gesellschaften für ihre besten Kunden schon auf dem Boden betreiben: Ein Erste-Klasse-Passagier blättert bis zum Sechzehnfachen dessen hin, was die Insassen im Touristenabteil zahlen, die vordere Reihe im Flugzeug gelangt jedoch keine Sekunde früher ans Ziel als die einundachtzigste.

Hat man auch mit Eco-Ticket und ohne Vielfliegerbonus eine Chance, zu den weichen Ledersesseln und Champagnerflaschen in den Lounges vorzustoßen? Es gibt eigentlich nur eine Möglichkeit: Suchen Sie sich als Reisebegleitung jemanden aus Ihrer engeren Verwandtschaft, der Vielflieger ist, oder überzeugen Sie einen anderen Inhaber einer goldenen oder schwarzen Kundenkarte, dass Sie ab jetzt Tisch, Bett und Flughafenlounge mit ihm teilen wollen. Bei Lufthansa nämlich dürfen Stammkunden Familienangehörige oder den Lebensgefährten mit hineinnehmen, wenn sie auf demselben Flug gebucht sind.

Status ist eben immer auch eine Frage, wen man kennt.

10
»Linker Hand sehen Sie die Malediven – noch!«

Willkommen im Treibhaus:
Darf man heutzutage noch fliegen?
Umweltschmutz und Umweltschutz
beim Fliegen, Biosprit und CO_2-Gebühren.
Ein Überblick

Es wandelt niemand ungestraft unter Palmen.

Johann Wolfgang von Goethe, Reiseweltmeister

Wir haben über Kaviar und Champagner in der Firstclass gestaunt und Badewannen in Wartelounges bewundert. Die Frage ist allerdings, ob das Fliegen an sich heute nicht der größte Luxus ist. Ein Luxus, den wir uns kaum noch leisten können.

In England forderte bereits der Vorsitzende eines Parlamentsausschusses, Flüge für Privatreisende zu rationieren. Nur so seien die Gefahren fürs Klima auf Dauer zu verringern.

Die Presse auf der Insel schlug Alarm: »Millionen von Familien könnten ihre Ferien nicht mehr im Ausland verbringen«, protestierte das Boulevardblatt »Daily Mail«. Das Ende des Handtuchkriegs zwischen Deutschen und Engländern an Mallorcas Hotelpools? Auch die britischen Leser zeigten sich *not amused*. Von einem Big-Brother-Staat, der Art und Weise des Urlaubs vorschreibe, war in einem Brief an die Redaktion die empörte Rede. Ein anderer Brite fühlte sich unfrei wie unter Stalin. Ein dritter sah die Zeit gekommen, einen letzten Flug zu buchen: »One-way – weg aus England«.

Fast zweieinhalb Milliarden Passagiere reisen jährlich mit dem Flugzeug. Bis 2020 werden es viereinhalb Milliarden sein. Was geschieht erst, wenn die Einwohner aus Ländern wie China und Indien sich vollends unserem westlichen Reiseverhalten angeglichen haben und nicht mehr nur das Bruttoinlandsprodukt steigern wollen, sondern millionenfach übers Wochenende zur Erholung nach Hainan, Honolulu oder Heidelberg aufbrechen? Schon jetzt breiten sich gerade in Fernost die Billigfluglinien aus, nicht nur für den innerasiatischen Verkehr. Air Asia etwa bedient neuerdings vom malaysischen Kuala Lumpur aus fünfmal die Woche London-Stansted – ab 99 britischen Pfund.

Spätestens seit Frühjahr 2007 fliegt ohnehin bei vielen Passagieren das schlechte Gewissen mit. Damals warnte der Weltklimarat IPCC vor einem Klimawandel, der viel rascher komme und drastischer ausfalle als erwartet. Der Flugverkehr wurde dabei als einer der Hauptverursacher ausgemacht. So erhebend es sein kann, ein glitzerndes Flugzeug am Himmel vorüberziehen zu sehen, so ernüchternd ist bei näherer Betrachtung dessen Ökobilanz.

Der IPCC-Bericht erschien kurz vor Beginn der weltgrößten Reisemesse, der Internationalen Tourismusbörse ITB in Berlin, und sorgte dort für Unruhe und ratlose Gesichter. Denn einer der Leidtragenden der durch den Reiseverkehr mit verursachten Klimaänderungen wird der Tourist selbst sein. Dort, wo sich heute blühende Urlaubslandschaften befinden, sehen die Forscher in wenigen Jahren Wüsten und Zerstörung. Steigende Temperaturen verwandeln Spanien und Süditalien in trockene Steppen, in den Alpen bleibt der Schnee aus, der Wintersport zieht um nach Nordnorwegen. Überflutungen und Wirbelstürme versenken Ferieninseln wie Sylt und die Malediven im Meer. Der Präsident des Inselstaats im Indischen Ozean nahm das Schreckensszenario bereits so ernst, dass er begonnen hat, Geld auf die hohe Kante zu legen. Seine Bevölkerung soll andernorts Ersatzgrund kaufen können und umsiedeln, sobald der Wasserpegel steigt.

Die gemeinnützige Stiftung Atmosfair in Berlin rechnet die Kosten des Fliegens vor, die auf keinem Ticket stehen: Ein Flug von Düsseldorf nach Teneriffa und zurück produziert beispielsweise Schadstoffe mit der Wirkung von 1,7 Tonnen Kohlendioxid. Wenn man die Kohlendioxid-Menge, die das Weltklima noch verkraftet, ohne aus dem Gleichgewicht zu geraten, auf alle Menschen umrechnet, bleibt aber laut Atmosfair-Geschäftsführer Dietrich Brockhagen jedem Einzelnen nur ein Budget von zwei Tonnen jährlich – für alles, für Haushalt, Konsum und Reisen. Mit der Teneriffa-Tour wäre die empfohlene Jahresmenge also schon so gut wie ausgeschöpft.

Noch hat sich kein Greenpeace-Mitarbeiter aus Protest an das Fahrwerk eines Urlauberjets gekettet. Und auch die Luftfahrtbranche selbst wiegelt ab und verweist darauf, dass ihr Anteil am weltweiten Kohlendioxidausstoß gerade einmal zwei bis drei Prozent betrage und deshalb »vernachlässigbar« sei. Taugt das zur Beruhigung? Manfred Stock vom Potsdam-Institut für Klimafolgenforschung verneint: Zum einen sind neben Kohlendioxid auch Wasserdampf und weitere gefährliche Treibhausgase wie Stickoxide beim Fliegen im Spiel, zum anderen wirken diese in den Höhen der Atmosphäre, in denen Flugzeuge unterwegs sind, stärker.

Wer fliegt, der schmutzt. An dieser Einsicht führt kein Weg vorbei.

Bemerkenswert ist die Beobachtung von Stocks britischem Kollegen David Viner: Es steigen nicht unbedingt mehr Menschen in Flugzeuge, vielmehr sind diejenigen, die bisher schon verreisten, öfter unterwegs.

Sollte Fliegen deshalb begrenzt oder abgeschafft werden? Letzteres ist kein realistischer Ansatz. Und auch eine Rationierung ist unwahrscheinlich. Sie wäre politisch kaum durchsetzbar (Arbeitsplätze Mobilität!) und wohl auch nicht zeitgemäß in einer klein gewordenen Welt, in der unsere Geschäftspartner, Freunde und Verwandten über den ganzen Globus verstreut sind. Der Kollege in Los Angeles, die Tochter in Melbourne, die beste Freundin in Südfrankreich – für viele Menschen ist das heute Alltag.

Es gibt außerdem andere Möglichkeiten. Einiges wäre schon gewonnen, wenn flächendeckend moderne Flugzeuge eingesetzt würden, sagen Klimaforscher. Auch in Europa sind noch zu viele Dreckschleudern unterwegs, obwohl es längst Maschinen gibt, die sparsamer im Kerosinverbrauch sind, weniger Abgase und weniger Lärm erzeugen.

Europäische Maßnahmen wie die Besteuerung des Flugbenzins oder die Einbeziehung des Flugverkehrs in den Emissionshandel könnten dazu beitragen, das Fluggerät flächendeckend zu modernisieren und unnötige Flüge zu vermeiden. Sie wären allerdings nur eine regionale Lösung.

Die Fluggesellschaften haben ein hohes Eigeninteresse, weniger fossile Treibstoffe zu verbrauchen und sich alternative Energiequellen zu erschließen. Allein die Lufthansa konsumiert achteinhalb Millionen Tonnen des teuren und knapp werdenden Treibstoffs Kerosin pro Jahr, das entspricht dem Mineralölverbrauch ganz Irlands.

Angelehnt an die Autobranche ist deshalb die Idee des »Drei-Liter-Flugzeugs« entstanden. Lufthansa sieht das Ziel mit dem neuen Riesenvogel A380, von dem sie fünfzehn Stück bestellt hat, bereits erreicht. Durch leichtere Bauweise und effizientere Triebwerke, aber auch durch die höhere Zahl von Passagieren in dem doppelstöckigen Flugzeugrumpf kommt die Gesellschaft auf einen statistischen Verbrauch von 3,4 Litern Treibstoff pro Reisendem auf hundert Kilometern. Freilich wird der Drei-Liter-A380 nicht auf innerdeutschen Strecken eingesetzt werden. Aber auch da ist durch den technischen Fortschritt der Kerosinverbrauch reduziert worden: 1970 lag er noch im Schnitt bei zwölf Litern, inzwischen beträgt er flottenweit fünf Liter.

Die Einsparungen nützen in der Summe allerdings wenig, wenn zugleich der Flugverkehr weiter wächst wie bisher. Richard Branson, illustrer Chef der britischen Virgin Atlantic, geht deshalb auf einem anderen Feld voran. Er ließ einen Jumbojet mit umgewandeltem Pflanzenöl betanken und erfolgreich einen Testflug von London nach Amsterdam unternehmen.

Boeing hat eine Arbeitsgruppe Biosprit ins Leben gerufen, bei der unter anderem Air France, SAS und Virgin Atlantic mitwirken. Sie wird vom WWF und anderen Umweltschutzorganisationen beraten.

Airbus wiederum testete eine synthetische Kerosin-Alternative: zu flüssigem Treibstoff umgewandeltes Erdgas.

Das Problem ist nur: Sowohl Erdgas als auch Biomasse stehen auch nicht in genügender Menge für die spritdurstige Luftfahrt zur Verfügung. Im besten Fall reicht es derzeit für eine Beimischung zum Kerosin.

Und ob der Ausbau von Biokraftstoffen überhaupt wünschenswert ist, bezweifeln Experten ebenfalls. Der massenhafte Anbau von Reis, Soja und anderen Pflanzen als Grundlage für Ökosprit wäre mit heutigen Mitteln kaum klimaneutral zu haben, die Auswirkungen auf die Lebensmittelversorgung sind völlig unklar.

Wer den Zustand der heutigen Luftfahrt näher betrachtet, kommt noch bei einem anderen Thema ins Grübeln. Zwei Jahrzehnte nach Ende des Kalten Krieges sind in der globalisierten Gesellschaft ausgerechnet die Flugzeuge immer noch gezwungen, wegen nationaler Befindlichkeiten teure Umwege zu fliegen. Der Luftweg von A nach B führt allzu oft noch über C, D, E und F.

Lufthansa zum Beispiel konnte erst 2004 eine ihrer wichtigsten Routen, die von Frankfurt nach Hongkong, um ein wesentliches Stück begradigen. Nach Jahren politischer Verhandlungen hat die chinesische Luftsicherung eine südlichere Route über den Himalaya genehmigt, dadurch werden jährlich 2,4 Millionen Liter Kerosin eingespart – und 9500 Tonnen in die Luft gepustetes Kohlendioxid.

So sieht es aber nicht nur auf Flügen nach Fernost aus, auch in Europa herrscht alles andere als effektiver Flugbetrieb. Während auf dem Boden ein einheitliches Europa entstanden ist, leben in der Luft die Staatengrenzen fort. Siebenundzwanzig Flugsicherungen mit sechzig Luftkontrollstellen zwingen die Piloten dazu, in komplizierten Korridoren zu fliegen und einer Vielzahl von militärischen Sperrzonen auszuweichen. In den USA, einem vergleichbar großen Luftraum, gibt es nur eine einzige Kontrollinstanz, und der zivile und der militärische Luftraum sind nicht getrennt. »Sie stellen den Autopiloten ein und fliegen stundenlang geradeaus«, beschreibt ein Pilot die Lage über Amerika. Auf der Strecke von Brüssel nach Rom hingegen ist den Anweisungen von nicht weniger als acht verschiedenen Flugsicherungen Folge zu leisten.

Seit mehr als zehn Jahren arbeitet die Europäische Kommission an der Abschaffung des Flickenteppichs unter der Überschrift »Single European Sky«. Käme der vereinheitlichte Himmel über Europa zustande, könnten laut Kommission bis zu zwölf Prozent der Kohlendioxidemissionen eingespart werden. Und Zeit und Geld der Passagiere. Das Europaparlament hat den Staaten eine Frist bis 2012 gesetzt, auf dem Weg zum einheitlichen Luftraum voranzukommen.

Ein ähnliches Problem sind Warteschleifen. Lufthansa hat ausgerechnet, dass sie pro Tag mehr als vierhunderttausend Liter Kerosin verschwendet, weil ihre Piloten Ehrenrunden über überlasteten Flughäfen wie Chicago, Frankfurt oder Palma de Mallorca drehen müssen. Die Frage ist nur, was kann die Lösung sein: Flughäfen weiter auszubauen oder die Zahl der Flugbewegungen zu reduzieren? Je nach politischem Blickwinkel wird die Frage sehr unterschiedlich beantwortet.

Man kann viel tun, um die Umweltbelastungen des Fliegens zu verringern. Von der Technik bis zur Politik. Letztlich sollte aber auch jeder Einzelne sein Flugverhalten überdenken. Das muss nicht einen Qualitätsverlust bedeuten oder Unfreiheit wie unter Stalin. Meist reicht es schon, wenn man seine Reisen einfach bewusster plant. Ein Beispiel: Zwanzig Low-Cost-Airlines kämpfen mit ihren Angeboten um den deutschen Markt und steuern Ziele an, die vor zehn Jahren kaum jemand auf der Landkarte hätte verorten können: Murcia (Spanien), Lamezia Terme (Italien), Varna (Bulgarien) oder Boa Vista (Kapverden). Will man da wirklich hin? Es gibt Menschen, die suchen sich ihr Flugziel nach dem Schnäppchenpreis aus, so wie am Wühltisch die Unterhosen. Brindisi für 29 Euro? Gebucht!

Wo Brindisi genau liegt (Apulien) und was man dort tun kann (Rotwein trinken), wird später geklärt.

Ernüchterung bleibt bei dieser Art von Urlaubsplanung nicht aus. Ein Paar aus meinem Bekanntenkreis entschied sich vor Kurzem, statt wie gewohnt nach Mallorca diesmal zum Sonnenbaden in die Dominikanische Republik zu fliegen – weil es so schön billig war. Dumm nur, dass dort gerade Regenzeit herrschte und das Hotel in einer ungeschützten Ecke lag. Das Paar kehrte blass und enttäuscht zurück. Vergeudete Urlaubszeit. Aber auch unnötige Umweltbelastungen.

Die konnten sich die zwei anschließend im Internet ausrechnen: Punta Cana hin und zurück schlägt nach dem Emissionsrechner von Atmosfair für zwei Personen mit 11 120 Kilogramm Kohlendioxid zu Buche; nach

Palma de Mallorca wären es für beide zusammen 1720 Kilogramm gewesen.

Atmosfair empfiehlt, den Schaden zumindest finanziell wiedergutzumachen. Spenden gegen das schlechte Gewissen, eine moderne Form von Ablasshandel. Als Entschädigung für den Flug nach Punta Cana wären bei der Stiftung pro Person 131 Euro fällig, eine Schnäppchentour ist das dann nicht mehr. Von dem Geld werden Solarküchen in Indien oder ein Wasserkraftwerk in Honduras finanziert.

Auf ähnliche Weise kann man sein Gewissen inzwischen auch direkt bei vielen Fluggesellschaften erleichtern, von Lufthansa und Air France bis Tuifly und Easyjet. Die Höhe der Ökoabgaben ist je nach Anbieter unterschiedlich.

Dennoch bleiben Zweifel an dieser Art von Kompensationsgeschäft. Die bessere Alternative ist zu vermeiden, statt zu entschädigen. Indem man vielleicht nur jedes zweite Jahr in die Ferne fliegt und dafür länger dort bleibt. Indem man möglichst Nonstop-Verbindungen wählt und keine Umwege fliegt, nur weil die Reise nach Griechenland via Manchester dreißig Euro günstiger ist. Indem man sich an Unternehmen hält, die moderne Flotten mit effizienten Maschinen betreiben.

Indem man ab und zu auf Palmen verzichtet und auch einfach mal zu Hause bleibt.

11
»Hier spricht Ihr Kapitän«

Über George Clooney als Rollenmodell,
Frauen am Steuer und seltsame Durchsagen
aus dem Cockpit

Er muss nur einen Knopf drücken, und der Jet fliegt
von allein.

*Aeroflot-Mitarbeiter über die Arbeit
eines Verkehrspiloten*

Sonntagnachmittag Ende Dezember 2008 am Moskauer Flughafen Scheremetjewo. Flug 315 der russischen Aeroflot steht zur Abreise nach New York bereit. Kapitän Alexander Tscheplewski hebt schon mal an zu seinen Begrüßungsworten. Reine Routine.

Doch was da durch die Bordlautsprecher der Boeing 767 dringt, ist nicht so deutlich und prägnant, wie man es von einem Piloten gewohnt ist. »Man merkte nicht einmal, in welcher Sprache er sprach«, empörte sich eine Passagierin später gegenüber der »Moscow Times«. Nur eines schien klar, nachdem der Pilot dreimal vergeblich ansetzte, um »Duration of the Flight«, Dauer des Fluges, zu sagen: Der Mann war sturzbetrunken.

Aufstand in der Kabine, die Auswechslung des Piloten wurde verlangt. Aber der 54-Jährige weigerte sich, die Flugzeugkanzel zu verlassen. Auch ein Vertreter der Fluggesellschaft, der an Bord kam, sah keinen Anlass zur Sorge. »Ist doch keine große Sache«, versuchte er zu beschwichtigen. Alles, was der Pilot tun müsse, sei, einen Knopf zu drücken – der Jet fliege von allein. Das Schlimmste, was passieren könne: Der Kapitän »stolpert über etwas im Cockpit«.

Schließlich wurde Tscheplewski doch noch von Bord komplimentiert. Allerdings erst, nachdem eine mitreisende russische Fernsehjournalistin über Handy ihre Beziehungen spielen ließ. Die Maschine hob mit drei Stunden Verspätung ab.

Russische Zeitungen berichteten, Tscheplewski habe am Abend zuvor seinen Geburtstag gefeiert. Die Fluggesellschaft behauptet, der Pilot sei nicht betrunken, sondern nur krank gewesen, und beschuldigte die Passagiere der »Massenhysterie«.

Der Moskauer Kabinenaufstand war eine Ausnahme, gewiss. In der Regel muss man sich um die Zuverlässigkeit von Piloten keine Sorgen machen, sie gehen ihrer anspruchsvollen Arbeit gewissenhaft – und meist auch völlig nüchtern – nach. Das ist jedenfalls die Mehrheitsmeinung der Bevölkerung. Was immer man von der modernen Luftfahrt hält, am Piloten prallt aller Ärger ab. Im Herbst 2008 landeten sie in einer Forsa-Umfrage auf Platz drei der angesehensten Berufe, nur Krankenpfleger und Feuerwehrleute konnten sich über noch größere Wertschätzung freuen.

Woran liegt das? An der schicken Uniform? Der Anerkennung des technischen Könnens? Dem Respekt vor knapp neunzigtausend PS, die ein Pilot in Gang setzt, wenn er die Triebwerke seines Jumbos startet?

Markus Kirschneck von der Pilotenvereinigung Cockpit – selbst Flugkapitän und somit gewohnt, die Dinge realistisch zu sehen – vermutet, dass Wunschdenken dahintersteckt: »Wenn Sie mit der Bahn fahren, glauben

Sie, im Notfall immer noch die Notbremse ziehen zu können.« Im Flugzeug gibt es keine Notbremse. »Da müssen Sie sich dem Piloten ganz und gar anvertrauen und hoffen, dass er Ihr Vertrauen auch verdient.«

Wenig erstaunlich, dass wie bei Ärzten, den »Halbgöttern in Weiß«, auch der Cockpitbesatzung dann schnell ein Bezug zu noch höheren Mächten unterstellt wird. »Wir danken Gott und dem Piloten« titelte das »Hamburger Abendblatt« euphorisch im Januar 2009 nach der spektakulären Notwasserung des 58-jährigen Flugkapitäns Chesley »Sully« Sullenberger im Hudson River vor Manhattan. Der Pilot ist kein Gott, aber er ist nah dran, soll uns das wohl sagen. Er arbeitet Hand in Hand mit ihm.

Heldenverehrung kann allerdings sehr schnell ins Gegenteil kippen. Das konnte ich vor einiger Zeit auf einem Mittagsflug von Frankfurt nach Hamburg erleben. Wieder ging es um eine Ansage. Zwar lag kein Fehlverhalten wie in Moskau vor, aber gerade dadurch, dass nur eine Kleinigkeit schieflief, zeigte sich, wie sensibel die Beziehung zwischen Pilot und Passagieren ist.

Kurz vor dem Start des Fluges sprach der Kapitän, ein dem Klang nach reifer Mann, mit typisch sonorer Pilotenstimme und elegantem hanseatischen Zungenschlag. Er informierte uns, dass sein Erster Offizier, Herr Soundso, »auf diesem kurzen Flug nach Hamburg«

am Steuer sitzen werde. Herr Soundso melde sich, wie üblich, sobald die Reiseflughöhe erreicht sei. So weit, so gut.

Doch dann meldete sich der Erste Offizier tatsächlich, und es erklang eine zittrige, erstaunlich jungenhaft helle Stimme, die sich vor Aufregung überschlug: »Meine Herren, äh, meine Damen und Herren, hier spricht Ihr, äh, Ihr First, äh, Ihr Erster Offizier.«

Es wurde totenstill in der Kabine.

Man meinte fast, selbst die Triebwerke hielten inne.

Sitznachbarn, die eben noch ins Gespräch vertieft waren, schauten hoch, andere legten ihre Zeitungen zur Seite. Während der junge Mann im Cockpit weiter durch seine Ansage stolperte, erinnerten sich die Mitreisenden an die Worte des Kapitäns, wer heute den Steuerknüppel der Maschine in der Hand hielt. »Wenn das mal gut geht«, sagte die Frau neben mir, und ich wusste genau, was sie meinte.

Es ging gut. Die Landung in Fuhlsbüttel war vielleicht etwas ruppiger als sonst, aber das kann auch Einbildung gewesen sein. Wahrscheinlich ist der junge Mann ein ganz hervorragender Pilot, Klassenbester seines Ausbildungsjahrgangs. Er muss nur an seiner Ansagetechnik arbeiten.

Von keiner Fluggesellschaft ist bekannt, dass sie bei angehenden Piloten ein Stimmen-Casting macht. In der Tat ist das Ansagetraining erst relativ spät in der mehrjährigen Ausbildung vorgesehen. Zuerst soll der Nachwuchs mit dem Fliegen zurechtkommen, dann werden seine Umgangsformen poliert.

Vielleicht aber nicht einmal dann. Wir müssen an dieser Stelle noch einmal auf Aeroflot zurückkommen, die eine sehr unglückliche Öffentlichkeitsarbeit zu betreiben scheint: Nach dem Moskauer Zwischenfall im Dezember 2008 gab ein Unternehmensvertreter jedenfalls zu Protokoll, dass »unsere Piloten nicht ausgebildet sind für den direkten Kontakt mit Passagieren.« Um Gottes willen! Sitzen dort etwa menschenscheue Mimosen am Steuer, die zu stottern anfangen, sobald sie einem leibhaftigen Fluggast gegenüberstehen? Deshalb die fest verriegelte Cockpittür?

Den idealen Kapitän eines Verkehrsflugzeugs stellen wir uns vielleicht so vor: Er hat die souveräne Gelassenheit eines George Clooney, trägt seine Schirmmütze und die gebügelte Uniform tadellos sitzend, was seine Aufmerksamkeit auch gegenüber Kleinigkeiten beweist, und spricht mit der väterlichen Stimme des seligen Hanns Joachim Friedrichs: »Guten Abend, meine Damen und Herren, willkommen an Bord!« Und wenn wir uns schon an den ehemaligen Tagesthemen-Moderator Friedrichs erinnern: Tatsächlich könnte inzwischen auch für Flugzeugcrews ein Moderatorentraining sinnvoll sein. Denn was wir in den letzten Jahren erleben, ist wie bei der Deutschen Bahn eine wachsende Liebe zur Kundenansprache über das Bordmikrofon.

Dass sich der Kapitän kurz vor dem Start meldet und die Gäste an Bord begrüßt, gehört zum guten Ton. Auch eine Zwischeninformation aus dem Cockpit, selbst bei unauffälligem Flugverlauf, ist eigentlich schon Standard. »Rechts unter uns Paderborn, gleich sind wir über Bremen, dann beginnen wir mit dem Sinkflug …« Aha, aha, denkt man sich da und vertieft sich wieder in die Bordzeitschrift.

Es sieht ganz so aus, als wolle man nach dem mündigen Patienten in der Medizin nun den mündigen Flugpassagier schaffen. Über alle Details des Fluges wird er auf dem Laufenden gehalten und kann sich der süßen Illusion hingeben, bei der ganzen Sache ein Mitspracherecht zu haben. Hat er natürlich nicht. Genauso wenig wie meist in der Medizin.

Vor einigen Jahren saß ich auf dem Weg nach Washington neben einem nervösen Mann, der die ganze Zeit über die Routenkarte aus der Sitztasche auf seinen Knien hatte. »Sind wir schon an Neufundland vorbei?«, fragte er mich, weil ich den Fensterplatz hatte. »War das eben Halifax da unten?« Es half nichts, ihm zu versichern, der

Pilot kenne bestimmt den Weg. Er wollte sich selbst ein Bild vom korrekten Streckenverlauf machen. Nicht dass der Pilot aus einer Laune heraus statt nach Washington plötzlich nach Winnipeg abbog. Vielleicht teilte er auch die tiefe Skepsis des irischen Dramatikers George Bernard Shaw, der behauptete, im Grunde sei jeder Beruf eine Verschwörung gegen den Laien.

Wenn zu den Mitteilungen aus dem Cockpit noch die Durchsagen der Kabinenbesatzung kommen, von den »Saftety Tips« über einen launigen Wetterbericht bis zu warmen Worten nach dem Aufsetzen, addiert sich das selbst auf innerdeutschen Kurzstrecken auf fast ein Dutzend Meldungen – auf Deutsch und hinterher noch mal auf Englisch.

Auch mit Kopfhörern entgeht man ihnen nicht. Im Namen der Sicherheit werden die Ansagen in das Unterhaltungsprogramm des Flugzeugs eingespielt. Man hört gerade ein Klavierkonzert auf dem Klassikkanal, da knackt und knistert es, und die Chefstewardess kündigt in schrillem Ton die Sonderangebote aus dem Duty-free-Verkauf an. In der Anfangszeit des Fliegens wurde amerikanischen Flugbegleitern noch eingebläut, die Reisenden so wenig wie möglich zu behelligen. Nur im Notfall sollte ein Passagier geweckt werden, und zwar durch sanftes Auflegen der Hand auf die Schulter. Lang ist's her. Gerade das Bordpersonal der US-Gesellschaften hat heutzutage manchmal einen Ton am Leib, dass man sich vorkommt wie im militärischen Trainingscamp: »Hey, Sie da, die Decke weg aus dem Fußraum!«

Die Grenze der Belastbarkeit ist erreicht, wenn der Kabinenchef (nach meiner Erfahrung neigen eher die männlichen Purser dazu als ihre Kolleginnen) seine wahren Talente im Entertainment sieht und die vorgeschriebenen Texte mit privaten Bemerkungen anreichert. Der »persönlichen Note« wegen. So etwa auf einem Flug im vergangenen Winter ins Rheinland: »Liebe Passagiere«, hieß es da plötzlich, »wir landen gleich in Kölle am Rhein, und ich kann Ihnen versichern, die ganze Kabinencrew wird heute Abend noch schön durch die Altstadt ziehen.«

Nichts gegen ein bisschen Spaß, aber wollten wir das wirklich wissen? Für wann war eigentlich der Rückflug dieser feierfreudigen Crew terminiert?

Pilotensprecher Markus Kirschneck schlägt vor, unter Passagieren repräsentativ abzufragen, wie viel Kommunikation an Bord eigentlich gewünscht ist. Sicherlich sind die Ansprüche in einem Urlauberjet anders als auf einem Linienflug, in dem hauptsächlich Geschäftsleute sitzen. Unterwegs im Charterflugzeug nach Cancun ist es den Gästen vermutlich recht, wenn die Crew schon den Flug zu einem Erlebnis macht, und sei es durch Nennung der exotischen Orte, die überflogen werden. Auf einem Flug von München nach Berlin, abends um halb sechs, wird sich die Mehrzahl der Anwesenden aber wahrscheinlich darüber freuen, nach einem anstrengenden Arbeitstag in Ruhe die Zeitung lesen oder einfach die Augen schließen zu können, ohne alle fünf Minuten von einer Besatzung in Plauderlaune aufgeschreckt zu werden.

Maike Ostermann, Flugkapitänin bei Air Berlin, spricht den Ansagen, sofern sie vernünftig und dosiert gemacht werden, allerdings auch besänftigende Wirkung zu: »Mein Bruder hat große Flugangst. Wenn der Kapitän sich während des Fluges meldet und in gelassenem Ton den Flugablauf beschreibt, beruhigt ihn das.« Alles in Ordnung, liebe Passagiere, so laute die unterschwellige Mitteilung, wir haben alles im Griff.

Ostermann ist seit 2001 Kapitänin, eine der wenigen Frauen im Cockpit. Für die zweitgrößte deutsche Fluggesellschaft fliegt sie von Berlin-Tegel aus ans Mittelmeer, aber auch nach Moskau und Skandinavien.

Die Passagiere reagieren auf sie inzwischen sehr entspannt. »Ich kann auch einparken«, antwortet sie selbstironisch, falls doch mal ein dummer Spruch über die Frau am Steuer kommt.

Lufthansa bildet seit Mitte der Achtzigerjahre Pilotinnen für ihre Verkehrsmaschinen aus, trotzdem sind bislang erst knapp fünf Prozent ihres Cockpit-Personals weiblich. So ist auch die Quote bei Air Berlin. Ist Pilot immer noch ein Männerjob? »Ja«, sagt Maike Ostermann. Viel zu wenige Frauen seien sich dieser Berufsoption bewusst. Jedoch ändere sich das allmählich. Vor

Kurzem ist sie mit einer Kollegin geflogen: »Vorne im Cockpit nur Frauen, hinten in der Kabine als Flugbegleiter nur Männer«, erzählt sie lachend. Das habe sich vor wenigen Jahren wohl kaum jemand vorstellen können.

Ostermann kam 1996 auf die Idee, selbst zu fliegen, nachdem sie vier Jahre als Flugbegleiterin gearbeitet hatte. »Zuerst habe ich während eines Urlaubs in Florida den Privatpilotenschein gemacht und, als ich dann Blut geleckt hatte, die Ausbildung zur Verkehrspilotin darangehängt.« Das zu finanzieren war allerdings nicht einfach. Eine Pilotenausbildung kostet rund achtzigtausend Euro, die Fluggesellschaften bezahlen davon manchmal gar nichts oder nur einen Teil.

Von 1998 an flog Ostermann zunächst als Copilotin, nach drei Jahren wurde sie zur Kapitänin befördert.

»Ich liebe meinen Beruf. Mich berührt es jedes Mal aufs Neue, wenn wir im Cockpit sitzen und unter uns die Wolken und vor uns den Sonnenaufgang sehen.«

Braucht man überhaupt noch Piloten? Macht in der Verkehrsluftfahrt nicht ohnedies alles, siehe Aeroflot, der Computer? Knopf drücken und fertig?

Die Antwort ist ein klares Nein. Selbst auf Schienen ist vollautomatisierter Personenverkehr selten. In der Luft kann man auf den steuernden Menschen gar nicht verzichten.

Entgegen der Meinung mancher Flugreisender startet und landet heute auch nicht routinemäßig der Computer. Der Autopilot kommt laut Maike Ostermann beim Start nie und bei der Landung nur in den seltenen Fällen zum Einsatz, wenn die Sichtverhältnisse sehr schlecht sind, etwa wegen dichten Nebels. Und dann wird er immer noch vom Cockpitpersonal überwacht.

Als erfahrener Fluggast wissen Sie natürlich auch längst, dass nicht die butterweiche Landung einen Piloten auszeichnet, egal ob vom Automaten ausgeführt oder von einer Fachkraft aus Fleisch und Blut. Im Gegenteil: »Die sichere Landung«, sagt Pilot Markus Kirschneck, »ist die härtere, mit ausreichend Druck.«

Oder wie ein Lotse zum Piloten eines besonders druckvoll aufsetzenden Charterflugzeuges funkte: »Die Landung muss ja kein Geheimnis bleiben. Die Passagiere sollen ruhig wissen, wenn sie wieder unten sind.«

Ganz ohne Ansage.

12
Unbekanntes Flugobjekt

Eine Ausschweifung: VIP-Jets und Paläste
der Lüfte, Massentransporter von morgen
und Richard Bransons Traum vom Weltall

Als Erstes fragen wir den Kunden: Haben Sie denn schon ein
eigenes Flugzeug?

Jürgen Kern, VIP-Abteilung der Luftnansa-Technik

Cremefarbene Ledersitze, Wände in polierter Wurzelholzoptik, auf dem Boden ein schokobrauner Teppich, in dem die Füße versinken. Es duftet wie in einem neuen Sportwagen. Am Ende der Kabine ein Badezimmer mit Dusche, Toilette und genügend Platz, um sich umzuziehen. Man kann sich leicht vorstellen, wie man sich am Ende eines langen Arbeitstages voll mit *Board Meetings* und *Powerpoint*-Präsentationen in einem der Sessel niederlässt, die Krawatte lockert und beim jungen Steward eine Tasse Tee bestellt. Anschließend dann auf dem riesigen Flachbildschirm eine Kochsendung mit Nigella Lawson guckt. Oder »Ein Hauch von Nerz« mit Cary Grant. Irgendetwas Beschauliches, Entspannendes jedenfalls. Der Pilot dimmt derweil das Kabinenlicht und donnert mit neunhundert Stundenkilometern Richtung Heimat.

Dieser Traum vom Fliegen ist keine Konzeptstudie, es gibt ihn in der Realität, abholbereit in Form eines Airbus A318 in einem Hangar in Hamburg-Fuhlsbüttel. Man muss ihn nur noch volltanken.

Auftraggeber ist keine kommerzielle Fluglinie, die ihren Kunden etwas Gutes tun will, sondern ein privater Geschäftsmann, der seinen persönlichen Komfort im Blick hat. Ein Tai-Pan aus Peking, der den Kaviar in der Firstclass satt hat? Ein Immobilienhai aus Hongkong, der nach seinem eigenen Zeitplan fliegen will? Den Namen rückt die VIP-Abteilung der Lufthansa-Technik nicht heraus, aber chinesische Hoheitszeichen am Rumpf des Fliegers deuten immerhin auf die Herkunftsregion hin.

Die Techniktochter der deutschen Fluggesellschaft hat den Flieger umgebaut, er ist einer von sechsen, die gerade in ihrem »Completion Center« am Hamburger Flughafen parken und für Privatleute und staatliche Auftraggeber mit dem Besten versehen werden, was das Kabinendesign derzeit zu bieten hat.

Wer Autofuhrpark und Sechzig-Meter-Jacht schon sein Eigen nennt und sich im Lear Jet dauernd den Kopf stößt, für den ist vielleicht ein umgebautes Verkehrsflugzeug ab 180 Millionen Euro Einkaufspreis das Richtige. Heute Dubai, morgen zum Shopping nach Paris? Liebling, da nehmen wir doch den Jumbojet!

Das ist nicht mal übertrieben, nur eine Halle weiter wartet tatsächlich eine privat erworbene Boeing 747 auf den Innenausbau. Der Vogel ist riesig, man steht unter der gewaltigen Flugzeugnase, kippt den Kopf in den Nacken und schaut wie zu einem Hochhaus hinauf. Was um Himmels willen soll ein Privatmann mit einem so großen Flugzeug anfangen, sofern er nicht mit einem Sinfonieorchester als Begleitung durch die Gegend jettet? Die in grüne Schutzfolie verpackte vierstrahlige Maschine passt nicht einmal ganz in den Hangar. Ihr Heck ragt zum Rolltor hinaus und wird von einem mobilen Anbau vor Wind und Regen geschützt.

Doch es geht noch größer. In Hamburg bereitet man sich schon auf den ersten A380 vor. Dann werden betuchte Kunden zwei vollständige Decks mit zusammen sechshundert Quadratmetern Wohnfläche nach ihrem Gutdünken gestalten lassen können, mit Fitnessraum und Dampfbad auf der oberen Etage und einer abgetrennten Economyclass für Leibwächter und sonstige Bedienstete unten. Rockefeller pflegte im viertürigen Cadillac vorzufahren, heute kommen Milliardäre im privaten A380. Platz da!

Die Nachfrage nach individuell ausgestatteten Verkehrsflugzeugen für den Privatgebrauch ist mittlerweile so groß, dass die Lufthansa-Technik mit dem A318, dem kleinsten Modell der Airbus-Reihe, einen VIP-Jet von der Stange anbietet. Die Zahl der Ausbauvarianten und die Zubehörliste sind begrenzt, damit Lieferzeit und Preis überschaubar bleiben. Zwischen 50 und 100 Millionen Euro kostet der Umbau und dauert vier bis sechs Monate.

Zur Übergabe erhält der Kunde eine silberne Hochglanzbroschüre. »Congratulations on your new airplane«, steht darin. Wir beglückwünschen Sie zu Ihrem Kauf. Beruhigend zu wissen, dass sich die Anschaffung eines Großflugzeugs nicht allzu sehr von der eines neuen Toasters unterscheidet.

Auch der eine oder andere Regierungsjet wird in die Hamburger Hangars geschoben. Eichenholz-Konferenztische mit zehn in Bodenschienen verankerten Sesseln, ein Schlafzimmer mit breitem Doppelbett, Flachbildschirme. Hier kann man es sich als Staatschef auf dem

Weg zum nächsten Gipfeltreffen gut gehen lassen. Die Flugbereitschaft des Bundes hat zwei von der Lufthansa gekaufte A340 auf die Warteliste setzen lassen, allerdings wird der Innenausbau eher bescheiden ausfallen. Sonderwünsche aus dem Kanzleramt sind nicht bekannt.

Andere Kunden verlangten schon mal eine Bowlingbahn oder einen offenen Kamin. Aber da erhoben die Luftaufsichtsbehörden Einspruch. Kindskopfgroße Holzkugeln und Flammenspiel eignen sich nicht für den Flugverkehr. Egal, wie vermögend der Auftraggeber ist: Er muss sich an die allgemeinen Betriebsregeln halten. Das heißt auch, Notausgänge in ausreichender Zahl und genügend Schwimmwesten an Bord vorzusehen. Letztere befinden sich griffbereit unter den Ledersesseln und in edlen Holzablagen neben dem Bett.

Auch ein Whirlpool, obwohl er sicher gern genommen würde, ist im Musterkatalog nicht enthalten. Noch hat kein Techniker einen Weg gefunden, der verhindert, dass bei plötzlichen Turbulenzen das Wasser von der Kabinendecke tropft.

So pompös die Innenausstattung, so schlicht ist meist die äußere Gestaltung der Flugzeuge. Um anonym zu bleiben, werden viele Privatmaschinen in den Farben der Heimatfluglinie des Kunden lackiert. Der Urlauber, der sich in Reihe 35 seines Ferienfliegers gerade Pilzsoße auf die Hose kleckert, ahnt nicht, welcher Palast der Lüfte mit den Kennzeichen einer saudi-arabischen Fluggesellschaft eben an ihm vorbeigerauscht ist. Auf dem breiten Bett räkelte sich die dritte Ehefrau des Potentaten, sicherlich ordnungsgemäß angeschnallt (Gurte sind vorschriftsmäßig vorhanden), im Kristallglas schwappte der Champagner, im frisch frisierten Kopf kursierten Gedanken, ob statt Beige nicht Holunder eine schickere Farbe für die Innengestaltung gewesen wäre.

»O ja, das kommt vor«, sagt Produktionsleiter Jürgen Kern, »heiratet der Kunde wieder, verlangt die neue Ehefrau oft auch eine neue Innenausstattung.« Kein Problem, sofern sich das glückliche Paar frühzeitig meldet. Die Hamburger Werft ist für die nächsten vier Jahre ausgebucht.

Kern geht mit seinem Beruf um, als sei ein millionenschwerer Jet-Umbau auch nichts anderes als das Tieferlegen eines Golf Cabriolets: »Als Erstes fragen wir den Kunden: Haben Sie denn schon ein Flugzeug?« Denn auch Flugzeughersteller haben ihre Vorlaufzeiten. Die Auslieferung kann je nach Modell schon mal drei Jahre oder länger dauern. Der schnellste Weg zum eigenen Jumbo sei deshalb, sich nach einer gebrauchten Maschine zu erkundigen.

Sachorientiert fährt Kern fort: »Unsere nächste Frage zielt auf den Einrichtungsstil: Was möchte ich mit meinem Flugzeug ausdrücken? Bin ich eher der florale Typ, oder bevorzuge ich Glas und Stahl?«

Nicht der florale Typ, sondern ein Freund von Rennpferden war der Kunde, der den Hamburgern bislang am meisten zu schaffen gemacht hat. Im Eingangsbereich der Kabine wünschte sich der Fürstensohn aus der Golfregion einen lebensgroßen Araberhengst aus Metall. Jürgen Kern: »Nun sagen Sie zu einem Luftfahrtingenieur: ›Bau mir mal den Hengst!‹«

Kataloge wurden gewälzt und Fachzeitschriften zu Rate gezogen, Skizzen angefertigt und in der hauseigenen Schreinerei, der größten Norddeutschlands, Holzmodelle gezimmert. Am Ende stand hinter der Eingangstür tatsächlich eins zu eins ein Pferd. Nicht nur die lebensechte Nachbildung, auch die Verankerung der Skulptur war eine Herausforderung. Schließlich muss sie unter Umständen Fliehkräften bis zum Sechzehnfachen der Erdbeschleunigung standhalten. Und was sagte der Scheich, als er den Hengst sah? »Der ist nicht schnell genug!«

Jürgen Kern schüttelt wieder den Kopf in Erinnerung an die Szene bei der Abnahme. Die Kopfform des Pferdes sei zu breit, führte der Scheich aus. So sehe vielleicht ein Ackergaul aus, aber kein Rennpferd.

Das Modell kam in die Schrottpresse. Der zweite Versuch fand dann aber Gefallen.

Kennt der Innenausbau von Flugzeugen kaum Grenzen, von Pferdeskulpturen bis zum Fitnessstudio, so scheint die äußere Form hingegen im Großen und Ganzen unveränderlich zu sein. Ein Passagierjet, ob privat genutzt oder kommerziell, sieht immer noch fast genauso aus wie vor einem halben Jahrhundert, als Boeing die erste 707 starten ließ.

Der klassische Jumbo ist auch schon seit vierzig Jahren im Einsatz und hat sich seitdem äußerlich kaum verändert. Der Airbus A380 und der neue Dreamliner von Boeing sind sofort wiederzuerkennen als Abkömmlinge einer Flugzeuggeneration, die den Betrieb aufnahm, als es noch kein Farbfernsehen und kein Internet gab.

Die finnische Fluggesellschaft Finnair nutzte 2008 ihren 85. Geburtstag, um in die Zukunft zu blicken: Wie wird sich in den nächsten achteinhalb Jahrzehnten die Luftfahrt verändern? Wie werden die Flugzeuge von morgen aussehen? Immer noch so wie heute?

Die resultierende Studie »Departures 2093«, an der sich Vertreter von Luftfahrtverbänden und Designer beteiligten, legt nahe, dass sich die Welt des Fliegens künftig stärker nach ihren Aufgaben und Nutzern richten wird, so wie wir es schon aus dem Straßenverkehr kennen: einerseits größere und noch schnellere Modelle, andererseits kompakte, kleine Lösungen für den Einzelnen.

So wird der Studie zufolge für die künftige Frequent-Flyer-Generation die Concorde-Idee wiederbelebt. Der Überschalljet, der 2003 nach drei Jahrzehnten wegen mangelnder Wirtschaftlichkeit aus dem Verkehr gezogen wurde, flog zweitausendvierhundert Stundenkilometer schnell und brachte Reisende in dreieinhalb statt sieben Stunden von Europa nach New York. Dabei verbrauchte er aber auch siebzehn Liter Treibstoff pro Passagier und machte einen Höllenlärm. Die Version der Zukunft soll kleiner sein, in etwa von der Größe eines Businessjets für zwanzig Personen, aber ansonsten in allem besser: doppelt so schnell und viel energieeffizienter bei einem Minimum an Geräuschentwicklung dank einer geschickteren Form der Außenhaut.

Für den Pauschalurlauber von morgen wird hingegen ein mehrstöckiger Massentransporter bereitstehen, der preiswert und auf einen Schlag zweieinhalbtausend Menschen von Frankfurt nach Antalya bringt. Das wären fünfmal so viele, wie heute in einen A380 passen. Äußerlich wird dieser Supershuttle nur noch wenig mit heutigen Düsenjets gemein haben. Auf den Skizzen der Futurologen sieht er aus wie ein Mantarochen: ein breiter, flacher Rumpf, der unmittelbar in die Flügel übergeht, um den Luftwiderstand gering zu halten. Auf dem Dach Wasserstofftanks für einen umweltfreundlichen Antrieb.

Im Inneren wird die Herausforderung zu meistern sein, die Menschenmassen so unterzubringen, dass sie sich noch wohlfühlen. Dabei geht es nicht nur um ausreichenden Sitzabstand. Auch gegen das Unbehagen, in der Mitte einer solchen flachen Flunder zu sitzen, mehrere Dutzend Meter vom nächsten Fenster entfernt, wird man Vorkehrungen treffen müssen. Die Lösung sollen ein beruhigendes Lichtsystem sein, sogenannte Mood Lights, wie man sie jetzt schon aus manchem Firstclass-Abteil kennt, sowie Live-Projektionen. Der Passagier auf Platz 341 R kann dann zwar immer noch nicht aus dem Fenster blicken, aber vor ihm wird die Außensicht auf wandhohe Monitore eingespielt, er kann jederzeit verfolgen, durch welches Wolkenmeer das Flugzeug gerade pflügt.

Sollte das Unwohlsein trotzdem nicht schwinden, können die Passagiere Ablenkung auf dem Oberdeck suchen, sich im Sportzentrum auf das Laufband stellen oder im bordeigenen Shoppingzentrum vergnügen – Einkaufen gilt in Luftfahrtkreisen ja bekanntlich als Allheilmittel gegen Flugstress. Bis dann die wohlklingende Stimme des Autopiloten darum bittet, zur Landung wieder die Sitzplätze einzunehmen.

Wer keine Pauschalreise plant und nicht schnell ans Ende der Welt will, sondern nur zum Bäcker oder ins Stadttheater, den sehen die Visionäre der finnischen Studie in ein Privatflugzeug steigen. Nicht groß und luxuriös wie die VIP-Jets der Millionäre, sondern klein und praktisch wie ein Auto, abgasfrei, weil solarbetrieben und mit aufladbarem Akku, passend für jede Garage.

Auch in deutschen Denkfabriken nimmt die Zukunft der Luftfahrt Gestalt an – sogar konkreter als bei Finnair. So hat das Bauhaus Luftfahrt aus Garching bei München, 2005 gegründet vom Freistaat Bayern, dem Luftfahrt- und Rüstungskonzern EADS, Liebherr Aerospace und dem Triebwerkhersteller MTU Aero Engines, ein ungewöhnliches neues Kurz- und Mittelstreckenflugzeug entworfen, den »Claire Liner«. Es wird vielleicht schon in zwei Jahrzehnten Realität sein und könnte bis zu tausend Reisende fassen.

Wo bei heutigen Jets die Flügel in hochgezogenen Spitzen, den Winglets, enden, ziehen sie sich beim »Claire Liner« weiter bis hinten zum Heckleitwerk. Sie bilden eine Art Kasten, in dem der Flugzeugrumpf aerodynamisch aufgehängt ist.

Die Idee dieser »Boxwings« stammt bereits aus den Zwanzigerjahren des vergangenen Jahrhunderts, wurde aber nie ernsthaft einem Leistungstest unterzogen. »Wir glauben, dass sich durch diese Flügelform der Luftwiderstand erheblich verringern lässt«, sagt Dieter Schmitt, Vorstand für Forschung und Technik vom Bauhaus Luftfahrt. Der nächste Schritt werde der Bau eines Modells für Studien im Windkanal sein.

Für den Antrieb des »Claire Liner« sorgen neuartige Propeller, die hinten am Flugzeug sitzen. »Insgesamt erreichen wir durch die neue Flügelform und die neuen Triebwerke eine Effizienzsteigerung um vierzig Prozent«, hofft Schmitt.

Der sparsame Jet eignet sich vor allem für den Pendelverkehr »von Megacity zu Megacity«. Denn so wird nach Studien der Vereinten Nationen die Welt im Jahr 2050 aussehen: Zwei Drittel der dann neun Milliarden Menschen leben dicht an dicht in riesigen Städten, deren Ausdehnung jeweils größer ist als Belgien.

Für Flughäfen mit einer drei Kilometer langen Landebahn würde darin der Platz fehlen. Aber auch da haben die Münchner Visionäre schon eine Idee: ein kommerzieller Senkrechtstarter, etwa als Weiterentwicklung des Zeppelins, der statt einer langen Rollbahn nur noch ein schmales Viereck braucht, um in die Luft zu gehen.

Klingt alles noch fern und unwahrscheinlich? Wer hätte jedoch vor wenigen Jahren gedacht, wie bald Touristenflüge in ganz neue Höhen Wirklichkeit werden: an den Rand des Weltalls. Die europäischen und amerikanischen Weltraumbehörden arbeiten an Angeboten für jedermann, während die britische Virgin Atlantic bereits den Ableger Virgin Galactic für Linienflüge in die Schwerelosigkeit gegründet hat. Wöchentlich und später zweimal täglich wird das Virgin-Raumschiff von einem Trägerflugzeug zunächst auf fünfzehn Kilometer Höhe gebracht und von dort aus zu einem kurzen Flug mit dreifacher Schallgeschwindigkeit bis hundertzehn Kilometer über die Erde geschossen. Vor jedem Flug sind für alle Reisenden drei Tage Vorbereitung zum Kennenlernen und Training auf einem neuen Weltraumbahnhof im US-Bundesstaat New Mexico vorgesehen.

»Damit wird der suborbitale Weltraumtourismus zum ersten Mal bezahlbar«, hat Virgin-Chef Richard Branson versprochen. Bezahlbar ist freilich relativ, ein Rückflug-Ticket wird zweihunderttausend Dollar kosten. Cremefarbene Ledersitze und schokobraunen Teppichboden werden Sie vergebens suchen. Die Kabine für sechs Passagiere wird sehr spartanisch eingerichtet und von gewohnter Enge sein. Eco-Klasse ins Weltall. Rechnen Sie trotz der saftigen Ticketpreise mit der Frage der Flugbegleiterin: Chicken or Beef?

14
»Wir verlassen unsere Reiseflughöhe«

Findet Fliegen heute noch einen würdigen Abschluss? Über sentimentale Lieder zur Landung, die verlorene Tradition des Abschiedsdrinks und das Klatschen an Bord

Whoa, big fella. WHOA!

Stimme aus dem Bordlautsprecher nach einer harten Landung in Washington, zitiert aus dem Internet

Das Flugzeug schwankt, der Kapitän nimmt den Schub weg. Für einen kurzen Moment wird es sehr still. Nur das Rauschen der Luft ist noch zu hören. Dann setzt die Maschine auf. Die Räder quietschen auf dem Asphalt, die Triebwerke heulen auf. Wir sind gelandet.

Nach Beginn des Sinkflugs wurde es noch einmal ernst an Bord. Letzte Ansagen über die Sicherheitsregeln zur Landung, Informationen über Anschlussverbindungen. Wer es sich etwas bequem gemacht hatte, zog sich wieder die Schuhe an, legte die knisternde Kunstfaserdecke zur Seite. Das Kabinenpersonal durchschritt die Reihen, prüfte den Sitz der Anschnallgurte und den senkrechten Zustand von Rückenlehnen und Klapptischen. Zum ersten Mal richtete meine Sitznachbarin das Wort an mich: »Geht es für Sie noch weiter?«, wollte sie plötzlich auf Englisch wissen. Ich verneinte. Sie aber flog noch nach Prag. Ihre jüngste Tochter, »my baby«, ist aus dem Mittleren Westen der USA in Tschechiens Hauptstadt gezogen. Der Liebe wegen, sie hat dort einen Restaurantbesitzer geheiratet. Wir hätten uns einiges zu erzählen gehabt. Ich mag Prag, und den Mittleren Westen mag ich sowieso.

Auch vorne in Business und First letzte Handreichungen. Diesmal kein weiteres kühles Glas Schampus. Jacken und Mäntel wurden gebracht, die in Bordschränken gehangen hatten. Man will es den Passagieren leicht machen, sodass sie nach der Ankunft sofort aussteigen können. Dennoch wirkte die Geste wie ein vorzeitiger Rausschmiss. All die Fürsorge und dann das: »Hier, nehmen Sie, Ihr Mantel.« Und wir waren noch gar nicht unten.

Die ersten Sekunden nach einer Landung sind immer unwirklich, auch nach dem hundertsten Mal. Eben noch in der Luft, jetzt wieder auf dem Boden und doch noch nicht ganz angekommen. Unser Flugzeug bremst ab, rollt an riesigen Hangars und Lagerhallen vorbei, biegt auf gelb markierte *taxiways* ab, die zu den Terminalgebäuden in der Ferne führen. Schilder mit Zahlen und Buchstaben weisen dem Piloten den Weg. Nebenan auf der Rollbahn, die wir eben erst verlassen haben, hebt schon wieder ein großer Airbus ab. Wohin geht die Reise? Tokio? Los Angeles?

Während wir rollen, spielt die Crew über die Bordlautsprecher »Warwick Avenue« von Duffy ein. Ein getragenes Lied von unerwarteter Rührseligkeit an diesem Ort, zu diesem Moment. »I'm leaving you for the last time, baby«, singt die Sängerin. Ich verlasse dich ein letztes Mal.

Ein Hotelier in Hongkong erzählte mir vor einigen Jahren vom legendären »China Clipper«. Die Ankunft des Wasserflugzeugs war in der ehemaligen Kronkolonie jedes Mal ein Ereignis. Dröhnend näherte sich die riesige silberne Maschine vom Südchinesischen Meer und setzte im Victoria-Hafen zwischen Dschunken und dem Dampffährboot der Star Ferry Company auf. An den vierzig Meter langen Tragflächen des Clipper, einer Martin M-130, hingen vier Propeller und ein mächtiger, kastenförmiger Rumpf aus Metall.

Von Mitte der Dreißigerjahre bis zum Zweiten Weltkrieg unterhielt die amerikanische Pan Am die damals spektakuläre Transpazifik-Verbindung von Kalifornien nach Hongkong. Der dreizehntausend Kilometer lange Flug über den Ozean dauerte mit mehreren Zwischenstopps fast eine Woche. Start war in der Bucht von San Francisco, von dort ging es in einem Zickzackkurs über mehrere amerikanische Inseln nach Manila auf den Philippinen und weiter nach Hongkong. »Wie ein Stein, geworfen von der Hand eines Riesen, hüpfte der China Clipper vergangene Woche in großen Sprüngen über den Pazifik«, schrieb ein Reporter des »Time Magazine« nach dem Jungfernflug Ende November 1935.

Anfangs wurde nur Post befördert. Am Steuer saß Edwin Musick, ein erfahrener Pilot, »dessen Augen nach den vielen Stunden konzentrierten Fliegens wohl auf immer zusammengekniffen bleiben werden«, fürchtete die

Zeitschrift. Passagiere kamen erst im folgenden Jahr an Bord, neben den acht Crewmitgliedern konnten bis zu sechsundvierzig Reisende in dem Wasserflugzeug mitgenommen werden. Sie zahlten nach heutigem Wert zehntausend Dollar für den einfachen Flug, wurden dafür aber in Luxuskabinen mit Ankleideräumen und Toiletten, getrennt nach Damen und Herren, untergebracht. Damit sich die junge Reiseform Fliegen in den feinen Kreisen durchsetzen konnte, musste sie so extravagant sein wie die Fahrt auf einem vornehmen Ozeanriesen, fand Pan-Am-Gründer Juan Terry Trippe.

Nach der Landung im Hafen von Hongkong stellte sich die Crew auf, der Kapitän vermutlich mit zusammengekniffenen Augen, und verabschiedete sich von den Passagieren. Diese wiederum verstreuten sich nicht auf Nimmerwiedersehen in alle Richtungen, sie begaben sich zum Abschied auf einen gemeinsamen Cocktail in eine Hotelbar. Ein Digestif auf die lange Reise, ein letzter Farewell-Drink.

Manchmal feierten sie die ganze Nacht.

Dass neuerdings auch Gesellschaften wie Lufthansa und die Hongkonger Linie Cathay Pacific an ihren Heimatflughäfen für ankommende Passagiere Arrival-Lounges einrichten, hat mit der Tradition eines gemeinsamen Abschiedstrunks jedoch nichts zu tun. Die Lounges sollen nach einem Übernachtflug die Gelegenheit bieten, noch am Flughafen ein Frühstück einzunehmen, duschen und das Oberhemd aufbügeln lassen zu können, bevor der erste Geschäftstermin ansteht.

Das ist pragmatisch gedacht, von Feierlichkeit indes keine Spur.

Dafür würde den Passagieren wohl auch die Geduld fehlen.

Kaum hat unser Flugzeug das Terminalgebäude erreicht, schnappen die Sitzgurte mit einem Klicken auf, und die meisten Flugpassagiere springen auf. Das »All doors in park« der Kabinenchefin ist noch nicht gesagt, die Türen sind noch nicht geöffnet, da kramen Männer und Frauen schon in den Fächern über ihrem Kopf nach dem Handgepäck. Nur einen Augenblick länger sitzen zu bleiben scheint unmöglich. Nun muss alles schnell gehen. Ein Anschlussflug ist zu erreichen, ein Taxi herbeizuwinken für die Fahrt in die Innenstadt.

Handys werden eingeschaltet, Blackberrys in Betrieb genommen. Es piepst, klingelt und tönt im Flugzeug wie in einer Automaten-Spielhölle in Las Vegas. Acht Flugstunden mussten die Geräte ausgeschaltet bleiben. Für manchen scheint Handyentzug schlimmer zu sein als die Nikotin-Zwangspause für die Raucher. Gibt es Entwöhnungspflaster für Handybesitzer?

Lässt man sich von der allgemeinen Unruhe nicht anstecken (weil die aufgegebenen Koffer ohnehin ihre Zeit brauchen, bis sie auf dem Gepäckband im Flughafenkeller auftauchen) und geht erst zum Schluss von Bord, hat man den Eindruck, das Flugzeug sei notevakuiert worden – oder es habe ein Kindergeburtstag stattgefunden. Aufgeschlagene Zeitschriften, zerknüllte Servietten, Decken und Kissen über dem Boden verstreut, Plastikbecher in den Sitztaschen.

Die Cockpittür ist geöffnet, die beiden Piloten wickeln bereits den Flug ab und zeigen kein Interesse an der aussteigenden Kundschaft. Immerhin eine Stewardess hat sich neben der Tür postiert, nickt kurz und wünscht einen schönen Tag. Wie hatte unsere Flugbegleiterin Kerstin T. gesagt: Früher war Fliegen Reisen mit Stil, heute ist es ein Transportvorgang.

Es gibt eigentlich nur noch eine Tradition, die den Abschluss eines Fluges in Ansätzen zelebriert, und sie wird oft belächelt: das Klatschen nach der Landung.

Auf dem Weg vom südafrikanischen Krüger-Nationalpark nach Johannesburg flog ich unlängst in einer Cessna Caravan für vierzehn Passagiere. Das Cockpit war nicht vom Kabinenraum abgetrennt, wir konnten sehen, dass in dieser kleinen Propellermaschine Fliegen noch Handarbeit war. Der afrikanische Winter zeigte sich launenhaft, eine Kaltfront mit mächtigen grauen Regenwolken machte uns zu schaffen. Es ging auf und ab. Der junge blonde Kapitän musste das Steuer fest in den Händen halten, man sah die körperliche Anstrengung seiner angespannten Muskeln in Nacken und Unterarmen. Als er nach zwei Stunden sicher auf der breiten Piste in Johannesburg aufsetzte, klatschte sogar die Copilotin.

Wenn dagegen im großen Ferien-Airbus nach dem *touch down* der Applaus aufbrandet, könnte der abgebrühte Vielflieger einwenden, dass das Landen eines solchen Hightech-Flugzeugs nur noch wenig mit Handarbeit zu tun hat, aber viel mit technischer Routine und Computerbeherrschung.

Er könnte darauf hinweisen, dass die Piloten hinter der dicken Cockpittür ohnehin nichts hören.

Vielleicht feiern die Passagiere, die nur einmal im Jahr mit dem Flugzeug unterwegs sind, mit dem Szenenapplaus aber gar nicht das Können des Piloten, sondern sich selbst? Vielleicht ist das Klatschen für sie der Versuch, die gemeinsam verbrachten Stunden würdig zu beschließen, bevor man nun wieder festen Boden betritt und getrennte Wege einschlägt, mit dem Bus zum Hotelzimmer am Strand, mit dem Mietwagen zur einsamen Finca im Hinterland.

Bis zum nächsten Flug! Goodbye und auf Wiedersehen.

15
Lost and Found

Die besten Flughäfen, die opulentesten
First- und Businessklassen, die hübschesten
Flugbegleiterinnen und weiteres Zahlenwerk
zum Thema Fliegen:
Statistiken für Ihre Bordkonversation

Erinnern Sie sich an die Broschüre für Flugnovizen von United Airlines? In der hieß es: An Bord darf »Konversation im üblichen Bostoner Ton geführt werden, Sie werden zahlreichen interessanten und angenehmen Mitreisenden begegnen«. Mit dem Bostoner Ton können wir Ihnen nicht helfen, aber hier einige Zahlen und Daten, mit denen Sie Ihre interessanten und angenehmen Mitreisenden in ein Gespräch verwickeln können:

✈ FLUGHÄFEN UND FLUGGESELLSCHAFTEN

Die fünf weltweit größten Flughäfen:
1. Atlanta (IATA-Code: ATL, 89,3 Mio. Passagiere)
2. Chicago-O'Hare (ORD, 76,2 Mio.)
3. London-Heathrow (LHR, 68,1 Mio.)
4. Tokio-Haneda (HND, 66,8 Mio.)
5. Los Angeles (LAX, 61,9 Mio.)

Quelle: Airports Council International 2008

Die fünf größten Flughäfen Deutschlands:
1. Frankfurt (FRA, 54,2 Mio. Passagiere)
2. München (MUC, 34,0 Mio.)
3. Düsseldorf (DUS, 17,8 Mio.)
4. Berlin-Tegel (TXL, 13,4 Mio.)

5. Hamburg (HAM, 12,8 Mio.)

Quelle: Airports Council International 2008

Deutsche Flughäfen mit den meisten Passagieren von Billig-Airlines:

1. Köln/Bonn (CGN)
2. Berlin-Tegel (TXL)
3. München (MUC)
4. Düsseldorf (DUS)
5. Stuttgart (STR)

Quelle: Arbeitsgemeinschaft Deutscher Verkehrsflughäfen/Deutsches Zentrum für Luft- und Raumfahrt 2008

Die weltweit besten Flughäfen:

1. Hongkong (HKG)
2. Singapore-Changi (SIN)
3. Seoul-Incheon (ICN)
4. Kuala Lumpur (KUL)
5. München (MUC)

Quelle: Passagierbefragungen Skytrax, 2008, www.worldairportawards.com. Kriterien u. a.: Erreichbarkeit, Komfort und Atmosphäre, Sicherheit, Check-in, Gastronomie

Die besten Flughäfen für eine (unfreiwillige) Übernachtung:

1. Singapore-Changi (»saubere Toiletten«, »freier Internetzugang«, »24-Stunden-Restaurant«)
2. Seoul-Incheon (»lange Couches im Transitbereich«, »Schließfächer«)
3. Hongkong (»Man kann auch unter den Sitzen schlafen«; aber: »Putzkolonne ist laut«)

4. Amsterdam (»Ledersitze zum Zurückklappen«;
   Vorsicht: »notgeiles Wachpersonal«)
5. Helsinki (»komfortable Lederbänke im zweiten
   Stock«, »sauber«)

Quelle: Leserbewertungen im »Budget Traveller's Guide to Sleeping in Airports«,
April 2009, www.sleepinginairports.net

Die fünf größten Fluggesellschaften
(plus die größte deutsche):

1. Southwest Airlines (USA, 102 Mio. Passagiere)
2. American Airlines (USA, 98 Mio.)
3. Delta Air Lines (USA, 73 Mio.)
4. United Airlines (USA, 68 Mio.)
5. China Southern Airlines (China, 57 Mio.)
7. Lufthansa (Deutschland, 54 Mio.)

Quelle: IATA, World Air Transport Statistics (WATS), 52. Ausgabe

Die fünf sichersten Fluggesellschaften
(plus die sichersten deutschen):

1. Qantas Airways (gegründet 1922, Todesopfer: 0*)
2. Finnair (1923, 0*)
3. Cathay Pacific (1946, 0*)
4. El Al (1948, 0*)
5. All Nippon Airways (1953, 0*)
6. Air Berlin und LTU (1979, 0*)
19. TUIFly/HLX (1972, 0*)
23. Lufthansa (1955, 61*)
25. Condor (1956, 16*)

Quelle: Auswertung JACDEC für »Aero International«
*Angaben für die Jahre 1973 bis 2007

Unfallrate nach Flugphase:

bei Start oder Landung: 71,8 %

während des Fluges: 27,5 %

auf dem Boden (taxiing, parking): 0,7 %

Quelle: Aircraft Crashes Record Office (ACRO),
www.baaa-acro.com

 **SERVICE**

Beste Economyclass:

1. Qatar Airways (Katar)
2. Asiana Airlines (Südkorea)
3. Air New Zealand (Neuseeland)
4. Singapore Airlines (Singapur)
5. Malaysia Airlines (Malaysia)

Quelle: Passagierbefragungen Skytrax, 2009,
www.worldairlineawards.com

Beste Premium-Economyclass:

1. Virgin Atlantic (Großbritannien)
2. EVA Air (Taiwan)
3. Air New Zealand (Neuseeland)
4. ANA (Japan)
5. British Airways (Großbritannien)

Quelle: Passagierbefragungen Skytrax, 2009,
www.worldairlineawards.com

Bestes Catering Economyclass:

1. Asiana Airlines (Südkorea)
2. Emirates (Vereinigte Arabische Emirate)
3. Qatar Airways (Katar)
4. Etihad Airways (Vereinigte Arabische Emirate)
5. Austrian (Österreich)

Quelle: Passagierbefragungen Skytrax, 2009,
www.worldairlineawards.com

Beste Businessclass:

1. Etihad Airways (Vereinigte Arabische Emirate)
2. Singapore Airlines (Singapur)
3. Virgin Atlantic (Großbritannien)
4. British Airways (Großbritannien)
5. Air New Zealand (Neuseeland)

Quelle: Passagierbefragungen Skytrax, 2009,
www.worldairlineawards.com

Bestes Catering Businessclass:

1. Etihad Airways (Vereinigte Arabische Emirate)
2. Qatar Airways (Katar)
3. Austrian (Österreich)
4. Emirates (Vereinigte Arabische Emirate)
5. Singapore Airlines (Singapur)

Quelle: Passagierbefragungen Skytrax, 2009,
www.worldairlineawards.com

Beste Firstclass:

1. Singapore Airlines (Singapur)
2. Emirates (Vereinigte Arabische Emirate)

3. Qatar Airways (Katar)
4. Cathay Pacific (Hongkong)
5. Thai Airways (Thailand)

Quelle: Passagierbefragungen Skytrax, 2009,
www.worldairlineawards.com

Bestes Catering Firstclass:

1. Singapore Airlines (Singapur)
2. Asiana Airlines (Südkorea)
3. Cathay Pacific (Hongkong)
4. Etihad Airways (Vereinigte Arabische Emirate)
5. Qatar Airways (Katar)

Quelle: Passagierbefragungen Skytrax, 2009,
www.worldairlineawards.com

Lebensmittelverbrauch im LSG-SkyChefs-Betrieb Frankfurt pro Tag:

150 Dosen Kaviar à 100 Gramm
60 Kilo Riesengarnelen
400 Kilo Butter
440 Kilo Schnittkäse
500 Flaschen Champagner

Quelle: LSG SkyChefs

Catering-Beladung einer Boeing 747 (Jumbo):

6700 Kilo Gewicht
102 Trolleys für drei Klassen
30 000 Einzelteile vom Löffel bis zur Zitrone

Quelle: LSG SkyChefs

Beste Kabinenbesatzung:

1. Malaysia Airlines (Malaysia)
2. Asiana Airlines (Südkorea)
3. Thai Airways (Thailand)
4. Singapore Airlines (Singapur)
5. Cathay Pacific (Hongkong)

Quelle: Passagierbefragungen Skytrax 2009,
www.worldairlineawards.com

Schönste Dienstkleidung (Stewardessen):

1. Malaysia Airlines (Sarongs mit fernöstlichen Blüten: gleich klar, wohin die Reise geht)
2. British Airways (strenger Nanny-Look in Pin-Stripes: Hello, Mary Poppins!)
3. easyJet (orange Kreuzung aus Bauarbeiter- und Tankstellenkluft: billig, darauf stehen wir doch)
4. Air Berlin (es geht auch elegant: von Jette Joop)
5. Singapore Airlines (Werbeikone Singapore Girl im bunten Wickeltuch: Ist das überhaupt noch Dienstkleidung?)

Quelle: nicht repräsentative Umfrage des Autors

Internationale Bezeichnungen für Flugbegleiter (weiblich/männlich):

Englisch: flight attendant/flight attendant
Französisch: hôtesse de l'air/steward
Spanisch: azafata/auxiliar de vuelo
Italienisch: assistente di volo/assistente di volo
Schweizerdeutsch: Hostess/flight attendant

Spitznamen für Stewardessen:
Saftschubse (D)
Bordbiene (D)
Pilot-Nanny (USA)
Trolley-Dolly (USA)
Wagon-Dragon (USA)
Trolley-Tubbies (GB)

 DIES UND DAS

Längste Flugzeiten (Nonstop-Flüge):
1. New York/Newark – Singapur (Singapore Airlines, 18 Stunden, 40 Minuten)
2. Los Angeles – Singapur (Singapore Airlines, 18 Stunden, 10 Minuten)
3. Mumbai – Atlanta (Delta Air Lines, 17 Stunden, 55 Minuten)
4. Los Angeles – Bangkok (Thai Airways, 17 Stunden, 30 Minuten)
5. Dubai – Houston (Emirates Airline, 16 Stunden, 50 Minuten)

Quelle: Eigenangaben der Fluggesellschaften, April 2008

Die besten Filme fürs Bordprogramm aller Zeiten:
1. »Goldfinger« (1964: Pilotin legt James Bond flach – ihr Name: Pussy Galore)
2. »Flight Girls« (2003: Schwimmwesten-Vorführung mit Gwyneth Paltrow – ein Traum)
3. »Catch Me If You Can« (2003: Leonardo DiCaprio

entdeckt die Vorteile einer gut sitzenden Pilotenuniform)

4. »Ein Ticket für Zwei« (1987: Steve Martin unterwegs mit Duschvorhang-Vertreter John Candy nach Chicago, der Flieger kommt vom Kurs ab, den Rest können Sie sich denken)

5. »Ob blond ob braun« (1963: Elvis Presley bricht Frauenherzen als singender Pilot)

Quelle: nicht repräsentative Umfrage des Autors

Filme, die Sie im Bordprogramm garantiert nie sehen werden:

1. »Airport« (1970: Schneesturm überm Mittleren Westen und zehn weitere Katastrophen – der Klassiker mit Burt Lancaster und Dean Martin)

2. »Air Crash – Katastrophe beim Take Off« (1997: Sportflieger kracht in Verkehrsflugzeug und löst Kurzschluss aus. Die Folge: unkontrollierter Steigflug)

3. »Überleben« (1993: Rugby-Mannschaft stürzt in den Anden ab und isst sich gegenseitig auf – mit Ethan Hawke)

4. »X312 – Flug zur Hölle« (1971: Unfreiwillige Landung im Dschungel Südamerikas – unfreiwillig komisch mit Gila von Weitershausen)

5. »Kollisionskurs – Panik im Tower« (1998: Sturm, Stromausfall und eine Notlandung – Fluglotse Jack Harris hat sich den Weihnachtsdienst anders vorgestellt, mit Kiefer Sutherland)

Quelle: nicht repräsentative Umfrage des Autors

Lieblingsdurchsagen an Bord:

1. »Boarding Completed«
2. »Heute bekommen Sie das Essen aus der Firstclass.«
3. »Wir befinden uns nun wieder im Steigflug.«
4. »Ladies and Gentlemen, Boys and Girls!« (British-Airways-Ansage für alle Altersklassen)
5. »Ab jetzt ist der Alkohol umsonst.«

Quelle: nicht repräsentative Umfrage des Autors

Durchsagen, die Sie an Bord nicht hören wollen:

1. »Brace! Brace! Brace!« (Kommando für: »Bereit machen zur Notlandung«)
2. »Ab jetzt ist der Alkohol umsonst.«
3. »Ist ein Pilot/Arzt/Flugzeugmechaniker an Bord?«
4. »Wir parken heute auf einer Außenposition.« (siehe auch 5.)
5. »Wir werden umgeleitet nach Hannover.«

Quelle: nicht repräsentative Umfrage des Autors

Die zehn seltsamsten Airline-Slogans:

1. Jet Blue: »You want to fly again« (... ist also alles gar nicht so schlimm?)
2. Lufthansa: »Alles für diesen Moment« (... alles was? Für welchen Moment?)
3. Delta Air Lines: »You'll love the way we fly« (... ist das eine Drohung?)
4. American Airlines: »Something special in the air« (... noch eine Drohung?)
5. Austrian: »We fly for your smile« (... wir wollen nicht lachen, wir wollen ankommen!)

6. Air Malta: »Spread your arms and fly« (… wie, keine Fallschirme?)

7. Emirates: »Keep discovering« (… Sie lieben Überraschungen?)

8. Jin Air: »Fly, better fly« (… what?)

9. HLX, die heutige Tuifly: »HLX – kost fast nix« (… ist auch nix?)

10. Alitalia: »Man sagt uns nach, wir seien ein schönes Volk« (… ja aber könnt ihr auch fliegen?)

Quelle: Eigenwerbung der Fluggesellschaften, www.slogans.de

16
Wie flugtauglich sind Sie?

Sind Ihre Zweifel gewachsen, ob die moderne
Luftfahrt wirklich etwas für Sie ist?
Machen Sie den »ready-for-boarding«-Test

Frage 1

Sie möchten zum Oktoberfest und buchen einen günstigen Flug nach »München-West« (IATA-Code FMM). Nachdem Sie dort ankommen, wundern Sie sich …

A weil Sie sich München viel größer vorgestellt haben,

B was das Ortsschild »Memmingen/Allgäu« soll,

C warum der Taxifahrer 230 Euro für die Fahrt ins Münchner Stadtzentrum verlangt,

D Sie wundern sich gar nicht mehr, seitdem Sie kürzlich über »Frankfurt-Hahn« zur Buchmesse wollten.*

* Der von der Billig-Fluglinie Ryanair mit dem Namen »München-West« beworbene Flughafen liegt 112 Kilometer von München entfernt und ist besser bekannt unter »Allgäu Airport Memmingen«. Von »Frankfurt-Hahn« im Hunsrück sind es sogar noch 120 Kilometer bis nach Frankfurt/Main.

 Frage 2

Einchecken: Welchen Platz reservieren Sie an Bord?

A Der Sitzplatz ist mir egal, Hauptsache, ich muss nicht stehen.

B Ich checke immer möglichst als Letzter ein, weil die Economy dann schon voll ist und ich bestimmt ein Upgrade in die nächsthöhere Klasse bekomme.

C Ich besorge mir ein Attest wegen eines Knieschadens und verlange einen Sitz mit mehr Beinfreiheit am Notausgang.

Sitzplatz reservieren? Das macht immer meine
Sekretärin.

Frage 3

Wenn die Dame am Check-in nach Ihrer Miles-and-More-Karte fragt, dann …

sage ich, dass ich grundsätzlich bar bezahle,

will sie wissen, ob ich gut versichert bin,

kann ich wieder Punkte sammeln und bekomme in
fünf Jahren einen Cappuccino umsonst,

stehe ich am falschen Schalter. Wo ist verdammt
noch mal der Firstclass-Check-in?

Frage 4

Lange Flüge machen mir nichts aus. Leichte Unruhe und
das Restless-Leg-Syndrom verspüre ich frühestens …

nach einer halben Stunde,

nach achtzehn Stunden,

nach der dritten Zwischenlandung auf dem Weg von
Hamburg nach Mallorca,

wenn mein Champagnerglas nicht sofort nachgefüllt
wird.

Frage 5

Die Stewardessen sind …

freundlich und hilfsbereit. Schade, dass sie nur
Russisch sprechen,

B heutzutage zu lange im Dienst. Mit siebzig Jahren sollte wirklich Schluss sein,

C insgeheim verliebt in den Piloten,

D insgeheim verliebt in den schwulen Flugbegleiter.

Frage 6

Wenn die Durchsage »Brace, Brace, Brace« erklingt, dann wissen Sie:

A Jetzt beginnt der Duty-free-Verkauf. Achtung: Kreditkarte zücken!

B Der Pilot ruft nach seinem Essen.

C Es ist nur eine Übung.

D Heißa, jetzt kommen gleich wieder die Notrutschen zum Einsatz!

Frage 7

Fliegen ist absolut sicher, denn ...

A ich setze mich nie in Reihe 13,

B in jedem modernen Großraumflugzeug gibt es gegen eine geringe Gebühr Fallschirme,

C im Notfall kommt die US-Airforce und holt uns runter,

D ich habe sechstausend Euro für dieses Firstclass-Ticket bezahlt, da kann man wohl verlangen, dass man sicher ankommt.

Frage 8

Das Essen an Bord:

    Currywurst sechs Euro fünfzig? Da bestell ich mir lieber was beim Pizza-Max, wofür habe ich denn das Handy dabei!

    Das Hühnchen ist so trocken, damit es leichter ist. Überladung des Flugzeugs wird vermieden.

    Ich kann selbst auch nicht kochen.

    Der Kaviar ist zu warm und der Hummer zu kalt. Was ist eigentlich hier los!

 Frage 9

Flugmediziner raten zu vermehrter Flüssigkeitsaufnahme an Bord, denn …

    umsonst ist umsonst,

    wenn ich den Rotwein nicht trinke, trinkt ihn der Pilot,

    Alkohol wirkt im Flugzeug viel besser,

    isch habe sechstauschend Euro für dieses Firssss, hicks, dieses Firsssss-Dings bezahlt. Isss der Schampanjer schon wieder aus?

Frage 10

Die Bordtoiletten sind so klein, weil …

A es gibt Toiletten an Bord? Wofür sind dann diese
Papiertüten in den Sitztaschen?

B sonst die Gefahr besteht, dass Sie bei Turbulenzen
vom Toilettensitz fallen,

C sonst die Gefahr besteht, dass Sie wegen Ihres Rot-
weinkonsums vom Toilettensitz fallen,

D so mehr Platz für die Firstclass bleibt.

Frage 11

Nach dem Landen gilt:

A Mit dem Schreien aufhören und warten, bis der Puls
wieder unter hundert ist.

B Sofort aufstehen und das Handgepäck sichern, der
Bordklau geht um.

C Der Letzte im Flugzeug muss aufräumen.

D Früher durfte ich noch Businessclass fliegen. Aus
Rache blockiere ich mit meinem Rollkoffer den
Gang und schalte erst mal das Handy ein.

Frage 12

Am Kofferband:

A Ich kann mich nicht erinnern, wie mein Koffer aus-
sah.

B Ich erkenne meinen Koffer immer von Weitem: Er ist
knallrot und trägt den Aufkleber »Vorsicht, Bombe!«.

C Das Gepäck kommt bestimmt wieder spät, weil ein Witzbold »Vorsicht, Bombe!« auf seinen Koffer geschrieben hat.

D Ich warte nie am Kofferband, weil ich alle drei Koffer mit an Bord nehme.

Frage 13

Die Nacharbeitung: Von meinem Flug erzähle ich zu Hause immer, dass ...

A alles pünktlich war und total easy,

B der Autopilot gelandet ist wie eine Eins,

C wir in Luftlöcher geraten sind und die Stewardess kotzen musste,

D nach der Landung auf den billigen Plätzen geklatscht wurde.

Auflösung:

In der Mehrzahl A :

Seien wir offen: Fliegen ist nicht Ihr Ding. Die Gefahr besteht, dass Sie weit ab vom gewünschten Ziel landen und bei einem Unglück in Einkaufslaune verfallen, statt die Notrutschen aufzusuchen. Sie glauben auch offenbar tatsächlich, Fliegen sei die schnellste Reiseart und mache Spaß. Wann genau war Ihre letzte Flugreise?

In der Mehrzahl B :

Gar nicht schlecht! Sie besitzen Geduld und Ausdauer und ahnen schon, wie es im Flugbetrieb wirklich zugeht. In Ihnen steckt ein Profipassagier. Versuchen Sie es demnächst mal mit einer richtigen Fluggesellschaft und nicht nur mit diesen Pauschalbombern nach Mallorca.

In der Mehrzahl C :

Ganz nah dran! Sie sind schon herumgekommen auf den Airports dieser Welt und bleiben auch an Bord in fast allen Stresssituationen gelassen. Sie könnten sich glatt als Bombenentschärfer bewerben, so gut sind Ihre Nerven. Vielflieger ehrenhalber!

In der Mehrzahl D :

Von Ihnen kann jede Stewardess noch etwas lernen, und bestimmt hat Sie auch schon mal der Pilot um Rat gefragt. Absolut flugtauglich. Ready for boarding!

Thank you for flying …

Großen Dank an Fluglinien, Airline-Zulieferer und Verbände, deren Sprecher und Mitarbeiter mir willig und bedingungslos Auskunft gaben und sich in Einzelfällen nicht scheuten, das Inventar eines Jumbo-Jets zu zählen. An das Verlagsteam von Piper/Malik, allen voran Bettina Feldweg, die an die Buchidee sofort glaubte und mich mit Anregungen aller Art versorgte. An Dietrich Brockhagen, Kathrin Kattwinkel, Jürgen Kern, Gerold Koch, Maike Ostermann, Kirsten Seehusen und Ulf Seehusen, Prof. Dieter Schmitt, Prof. Manfred Stock für die Vermittlung von Ansprechpartnern beziehungsweise wertvolle Auskünfte. An Franziska Kuhn für die Schweizer Sicht der Dinge. An Flugbegleiter und Piloten aus dem Freundeskreis, die mir mit wertvollen Einblicken hinter die Kulissen halfen; sie taten dies immer fair und ohne ihren Arbeitgebern zu schaden, baten aber dennoch darum, ungenannt zu bleiben. An Hilke und Michael Segbers für ihre dauerhafte Unterstützung. An Sönke Krüger für die kritische Erstdurchsicht des Manuskripts und den beharrlichen Versuch, selbst bei diesem Thema die Anglizismen zu tilgen: You're great! An Peer Knipprath für seine Geduld und sein stets offenes Ohr – er muss meine Flugerlebnisse immer als Erster anhören. Und natürlich an meinen Vater, Heinz Rumpf, für die Kindheitstouren zu Flughäfen und alles, was er mir beigebracht hat.